# Rakete Bruce

## Tagebuch der Rostocker Uni-Handballer

Marcus Helwing

# Rakete Bruce

## Tagebuch der Rostocker Uni-Handballer

**Impressum**

Bibliografische Informationen der Deutschen Nationalbibliothek: Die Deutsche Nationalbibliothek verzeichnet diese Publikation in der Deutschen Nationalbibliografie; detaillierte bibliografische Daten sind im Internet über http://dnb.dnb.de abrufbar.

© 2021 Marcus Helwing

Herstellung und Verlag
BoD – Books on Demand, Norderstedt

ISBN: 978-3-755-73277-8

Für alle, die vor mir spielten, für alle, die mit mir gespielt haben und für alle, die nach mir spielen werden

–

Allen Uni-Handballern der HSG Uni Rostock

# Inhaltsverzeichnis

## Vorwort

Die Zeit ist eine seltsame Sache. Als physikalische Größe kann sie gemessen, eingeteilt und abgebildet werden. Philosophen hingegen beschäftigen sich seit der Antike, vielleicht sogar seit jeher, mit ihr. Die Beschäftigung mit Zeitreisen, sowohl in die Vergangenheit als auch in die Zukunft, ist in allen Spielarten der Populärkultur stark vertreten. Das merkwürdige an ihr ist jedoch die unterschiedliche Wahrnehmung durch die Menschen. Im selben Moment am selben Ort und mit der selben Sache befasste Personen können die Zeit mitunter in gänzlich unterschiedlicher Ausprägung wahrnehmen. So kann ein Überzahlspiel beim Handball ziemlich schnell vorbei sein, insbesondere wenn der Ball im Angriff völlig unnötig flöten gegangen ist. Andererseits können die zwei Minuten für die sich in der Unterzahl befindliche Mannschaft wie eine Ewigkeit vorkommen, sofern der Gegner leichte Tore erzielt und der Arm der Schiris während des eigenen Angriffs schon nach wenigen Sekunden hochzugehen scheint.

Wenn aber schon ein paar Minuten auf der Platte während einer Handballpartie so verschiedentlichen zeitlichen Maßstäben unterworfen zu sein scheinen, so vergehen ein Dutzend Jahre noch einmal ganz anders. Sie können ein eigenes Universum darstellen. Für so manchen Hobby-, Freizeit- und Amateursportler umfasst ein solcher Zeitraum gar die ganze Karriere. Für die Handballabteilung der HSG Uni Rostock markiert dieser Zeitraum mittlerweile auch eine Zeitenwende.

Nach der Konstituierung des Gesamtvereins im Frühjahr 1949 wurde alsbald die Kernsportart Handball ins Repertoire der HSG aufgenommen. Die Gründung einer eigenen Handballsektion erwies sich als folgerichtig. Danach bot die HSG-Handballsektion Generationen von Handballern ein schützendes Dach und ein familiäres Heim, unter und in welchem sie dem gemeinsamen Lieblingssport frönen durften. Jahrzehnte fungierte die HSG der Wilhelm-Pieck-Universität Rostock als Betriebssportgemeinschaft für Lehrende, Mitarbeiter und Studenten. Trotz einiger Schwierigkeiten gelang es, den Sportbetrieb über Jahrzehnte aufrecht zu erhalten. Anfang der 1990er Jahre war dann jedoch vorerst Schluss. Nach der politischen Wende und gewaltigen gesellschaftlichen, politischen, ökonomischen und soziokulturellen Verwerfungen, welche der Beitrittsprozess mit sich brachte, konnte weder der Spielbetrieb noch ein Fortbestehen der Abteilung weiterhin abgesichert werden. Für mehr als fünfzehn Jahre schlummerte der HSG-Handball einen Dornröschenschlaf, aus welchem er erst gegen Ende der 2000er wieder erwachen sollte. Dazu bedurfte es eines märchenhaften Prinzen, um die HSG-Handballer wachzuküssen. Okay, in unserem Fall war es kein hochwohlgeborener Blaublütiger hoch zu Ross und in schimmernder Wehr, sondern vielmehr ein durchtrainierter, weltgewandter Fahrensmann, der schon vieles gesehen hatte und noch mehr aufzubauen gedachte. Es gab Zweifel, ob seine Vorhaben in die Tat umzusetzen seien, wenige glaubten an ihn und seine Ideen. Freundlich bezeichneten sie ihn als Idealisten, doch ihm schwebte eine andere Bezeichnung vor. Diese fand eher seine Zustimmung. Er sah sich als Visionär und sollte damit Recht behalten.

Wer zwischen einem Idealisten und einem Visionär zu entscheiden hat, bleibt offen. Fest steht, dass es im Nachhinein immer leichter fällt, eine valide Einschätzung zu treffen. 2008 stand so mancher schon in den Startlöchern. Erste Gespräche wurden geführt, Strukturen geschaffen und beim HSG-Vorstand offene Türen eingerannt. Ob der Aussicht auf die Revitalisierung der Handballabteilung waren es vermeintlich eher Tore. Doch die Zeit war noch nicht reif. Es fehlte noch an Spielern. Thomas Rücker, der Mann mit dem Wagemut und der Weitsicht, den HSG-Handball wieder aufzubauen, besann sich einer weiteren Option. Er warb beim Uni-Sport um Unterstützung, wählte diesmal einen glücklichen Zeitpunkt und begeisterte einige Leute für den Gedanken, mit dem Stier auf der Brust für die HSG den Punktspielbetrieb aufzunehmen. Beim Uni-Sport, der Keimzelle des HSG-Handballs der zweiten Generation, verbreitete Thomas – allen eigentlich eher als Bruce bekannt – seine zündende Idee.

Demnach zündete die Rakete Bruce, ohne Hintergedanken einer kommerzialisierten Raumfahrt à la SpaceX von Elon Musk oder Blue Origin von Jeff Bezos, sondern einzig und allein mit dem Ziel, Handball als Breiten-, Freizeit- und Amateursport wieder ins Portfolio der HSG aufzunehmen. Wie viele Stufen das Modell der „Zweiten Welle" haben wird, ist selbst heute immer noch nicht ganz klar. Auch der Initiator hüllt sich diesbezüglich in Schweigen.

In Ausführung ist sie jedoch Saison für Saison auf den Handballfeldern Mecklenburg-Vorpommerns zu sehen. Ein Spielzug der Uni-Handballer heißt immer noch „Rakete Bruce". Wie er aussieht und funktioniert, wissen die Gegner oft erst, wenn er (der Spielzug) oder sie (die Rakete) zugeschlagen hat. Es sei denn, dass bei der Durchführung der Ball verloren ging. Das soll mitunter schon mal vorgekommen sein.

Bisher übertraf die Vielfältigkeit, die Eigeninitiative und die Kreativität der Uni-Handballer alle Erwartungen. Dieses Buch soll sowohl Zeugnis hiervon ablegen, als auch allen Beteiligten die Möglichkeit verschaffen, das Erlebte in textalischer Form nachzuerleben und eventuell gar neue Aspekte oder Facetten zu entdecken. Es soll kein Tagebuch in der Form sein, dass jeder einzelne Tag akribisch und bürokratisch abgearbeitet und zu den Akten gelegt wird, auch wenn gar nicht so viel Bemerkenswertes geschehen ist. Vielmehr sind ein paar herausstechende Höhepunkte in die Auswahl gelangt, die gleich mehrere Spektren in diversen Bandbreiten abdecken sollen. Es handelt von Kalamität und Katastrophe, von Tragödie und Triumph und von Elysium und Erfindungsreichtum. Es wird sich nicht simpel auf den schlichten Punktspielalltag kapriziert. Darüber geht es weit hinaus.

Sofern es gelungen sein wird, dass ganze Universum zu umfassen, welches sich die HSG-Handballer in den letzten zwölf Jahren in der Lage zu erschaffen gewesen sind, sollen die im vorliegenden Büchlein abgedruckten Geschichten helfen, eben jenen Kosmos bestmöglich widerzuspiegeln und greifbar zu machen. Ein Bericht des ersten Punktspiels, kleine Reiseerzählungen über ein paar Trips zum Beachhandball nach Binz, Saisonvorschauen, Analysen ganzer Meisterschaftsrunden, eine Schilderung über die Zusammenarbeit mit dem Blutspendedienst der Universitätsmedizin der Universität Rostock, Schilderungen der Teilnahme an Deutschen Hochschulmeisterschaften, das Partizipieren an legendären Mittsommernachtssportfesten des Hochschulsports der Universität Rostock, eine Eloge auf die triumphale Zehn-Jahres-Feier, eine Meldung über den Corona-Schock und der Rückzug einer ganzen Mannschaft.

Die Rakete Bruce hatte demnach viele Stufen, von den schon einige zündeten. Über wie viele weitere sie noch verfügt und ob noch Nachbrenner zugeschaltet werden können, bleibt vorerst im Nebel der Zukunft verborgen – In Gedanken an Caspar David Friedrichs „Wanderer über dem Nebelmeer".

## Aufbruch ins Ungewisse

Am Sonntag den 25.10.2009 war es endlich so weit. Nach Jahren ohne Handballabteilung war es der HSG Uni Rostock wieder gelungen, eine Mannschaft in die Kreisunion zu entsenden. Federführend hierbei war vor allem der Spielertrainer der Uni-Mannschaft, Thomas Rücker, dem es gelang, diesem Projekt Leben einzuhauchen. Die Aufgabenvielfalt bei einer Neugründung eines Vereins, beziehungsweise einer Abteilung, ist enorm. Die Spielersuche war noch das kleinste Problem, da in den Sportkursen des Hochschulsports der Universität Rostock durchaus Freiwillige zu finden waren. Gelder, Sponsoren, Trikots, Spielerpässe, Spielberichtsbögen, Unterschriften, medizinische Hilfsmittel, Backe, Hallenzeiten, Internetpräsenz mussten erst gefunden, organisiert, erstellt oder geleistet werden.

Die organisatorischen und rechtlichen Klippen des HVMV zu umschiffen, gestaltete sich schwieriger als erwartet, weshalb die ersten drei Partien der HSG Uni allesamt verlegt werden mussten. Aus diesem

Grund wurde das laut Spielplan vierte Spiel gegen den SV Warnemünde IV zur Saisoneröffnungspartie.

Vor dem Spiel war allen Beteiligten seitens der HSG klar, dass dies gleich zu Beginn ein sehr schwerer Brocken sein würde. Nicht nur, dass der SV Warnemünde IV die Kreisunion Rostock in den letzten Jahren dominierte und immer auf einem der ersten beiden Plätze stand. In ihren Reihen haben sie auch Spieler die in der DDR-Oberliga (höchste Spielklasse), unter anderem beim SC Empor Rostock, spielten. Strauch, Holtfoth und Reder sind Kennern des Rostocker Handballsports sicherlich ein Begriff.

Dennoch wollte die Mannschaft das Spiel nicht schon vor dem Anpfiff aufgeben, sie hielt sich an das Motto: Respekt ja, Angst nein. Die HSG Uni setzte auf Tempospiel, Warnemünde auf Erfahrung. Nach kurzem Abtasten gelang Warnemünde IV der erste Treffer in diesem Spiel, die Anfangsphase war jedoch ausgeglichen. Allerdings gaben die Gäste dann eine Kostprobe ihres konsequenten Spiels ab, indem sie die Fehler der HSG bestraften und mit fünf Toren in Folge auf 11:6 enteilten.

Bis zur Pause konnte dieser Abstand konstant gehalten werden. Wieder gelang den Gästen der erste Treffer zum 18:12. Wer glaubte die HSG würde aufgeben sah sich getäuscht. Mit einer aggressiven Abwehr und mit Konterhandball setzte die HSG zur Aufholjagd an, bei der sich Axel Schmidt (9) und Christian Behn (6) besonders treffsicher zeigten. Dank starker 10 Minuten konnte beim 23:23 nach langer Zeit wieder ausgeglichen werden. Bei Warnemünde IV machte sich Nervosität breit, was an hektischen Gesten und einem jetzt raueren Umgangston sichtbar wurde. Auch die 40 handverlesenen Zuschauer waren etwas verdutzt, sind sie es doch seit Jahren gewöhnt, Warnemünde IV siegen zu sehen.

Leider mussten auch die Spieler der HSG Uni dem Tempo jetzt Tribut zollen. Die Fehlerquote beim Tempospiel ab Minute 46 stieg enorm, wodurch die Gäste zu leichten Toren kamen. Am Ende setzte es eine deutliche 30:38-Niederlage gegen den Ligaprimus, der in Axel Wahl (9) und Tilo Strauch (7) seine besten Werfer hatte. Die Gäste nehmen verdient zwei Punkte mit, wenngleich der Sieg der IVten aus Sicht der HSG Uni Rostock etwas zu hoch ausfiel.

Wenn man bedenkt, dass die Uni-Mannschaft nicht einmal eine Trainingseinheit absolvieren konnte, aufgrund fehlender Hallenkapazität, war der erste Auftritt respektabel.

HSG Uni Rostock: Helwing (TW), Schmidt (9), Behn (6), Glumm (4), Menzel (4), Rücker (3), Langfeld (2), Neissner (1), Schoeneich (1)

## Geglückter Start in die Rückrunde

Zum Spitzenspiel des heutigen Spieltags empfing die HSG Uni Rostock, derzeit Tabellenplatz vier, den Zweitplatzierten, SG Motor Neptun. Vor dem Spiel hatten beide Mannschaften nur 2 Minuspunkte aufzuweisen, und sind demnach die ärgsten Verfolger des SV Warnemünde IV. Für Brisanz war also schon durch die Tabellenkonstellation gesorgt. Die SG Motor Neptun hat eine gesunde Mischung aus jungen und erfahrenen Spielern, und ist damit in der Lage, verschiedene Spielweisen zu praktizieren. Die Vorgabe des Spielertrainers der HSG Uni Rostock für dieses Spiel könnte man wohl am ehesten mit den Worten „kontrollierte Offensive" beschreiben.

Der sonst praktizierte konsequente, druckvolle Tempohandball konnte aufgrund von personellen Engpässen heute nicht gespielt werden. So mussten gleich mehrere Stammkräfte ersetzt werden. Christian Behn, François Peglow und Axel Schuster waren schon nach Hause gefahren, um dort Weihnachten zu verbringen, Bastian Schoeneich laboriert nach wie vor an einer Verletzung des Daumens der Wurfhand und unser Neuzugang Willi Wichmann war leider noch nicht spielberechtigt.

Vielleicht war es der für Studenten katastrophalen Anwurfzeit (09.30 Uhr) geschuldet, dass die Gäste den besseren Start erwischten, sie führten schnell mit 0:3 und 6:9. Die Mannschaft der HSG wirkte nicht sonderlich frisch und ließ in der Deckung die Aggressivität vermissen. Die Außenspieler der SG Motor Neptun düpierten die Deckung der HSG ein ums andere mal. Die Angriffe wurden nicht ausgespielt und der gute Gästetorwart nahm so manchen Ball weg. Nur durch Einzelaktionen gelang es der HSG in Schlagdistanz zu bleiben. Besonders unser Halblinker, Gregor Menzel, erwischte einen Sahnetag und netzte gleich 13-mal ein. Beim Stand von 11:12 nahm die HSG Uni Rostock eine Auszeit und es wurden klare Sachen für die letzten 5 Minuten vor der Pause angesagt. Leider ging der Faden danach völlig verloren und mit 11:15 ging es in die Pause.

Nach dem Pausentee wurde dann genau das gespielt, was in der oben erwähnten Auszeit besprochen wurde. Es wurden klarste Chancen erspielt und der Druck auf die Gäste erhöht. Mit schnellem und präzisem Handball konnte die Lücke bis zur 40. Minute geschlossen werden, als das 19:19 fiel. Die erste Führung sprang im nächsten Angriff heraus. Dass es eng blieb, lag vor allem an den großen Lücken in der Deckung der HSG. So konnte die Mannschaft des SG Motor Neptun immer wieder nachziehen.

Mitte der zweiten Halbzeit traf ein Wurf den Gästetorwart im Gesicht, welcher danach kurz behandelt werden musste. Die in den zweiten 30 Minuten hohe Angriffseffektivität der HSG wurde nun noch besser, da der Gästetorwart für die restliche Spielzeit etwas benommen wirkte. Das Spiel blieb dennoch weiterhin spannend, die Uni-Mannschaft führte mehrfach mit zwei Toren, konnte den Sack aber nicht zubinden. In der 57. Minute stand es ein letztes Mal Unentschieden, drei Tore der HSG sorgten dann aber doch für die Entscheidung. Mit 33:30 gewann die HSG Uni Rostock gegen den SG Motor Neptun und sichert sich damit vorläufig den dritten Tabellenplatz, welcher ja bekanntlich zum Aufstieg berechtigt. Neben Gregor Menzel (13) traf Axel Schmidt 8 Mal, wenngleich sein Knoten erst in der zweiten Halbzeit platzen wollte.

## Gelungener Kaltstart für die Uni-Handballer in die Saison 2013/2014

Nach einer durchwachsenen Vorbereitung mussten die Männer der HSG am Wochenende auswärts bei der zweiten Vertretung der SG Crivitz/Banzkow antreten. Die Vorzeichen standen eher schlecht, weil eine vorherige Standortbestimmung unmöglich war. Wie so oft plagen die HSG in den Semesterferien personelle Probleme, weil viele Spieler zu Hause, im Urlaub oder in der Universitätsbibliothek sind. Dennoch fanden sich immerhin zehn Sportler ein, die den Kampf um die ersten zwei Saisonpunkte aufnahmen. Außerdem stand der SG ebenfalls nicht ihr voller Kader zur Verfügung, so dass personelle Gleichzahl herrschte.

Selbstverständlich gingen die Hausherren, ob ihres Heimvorteils und der Tatsache, die letzten beiden Spiele gegen die Uni-Handballer gewonnen zu haben, favorisiert in diese Partie. Unerwarteterweise erfuhr die Uni-Mannschaft Unterstützung von zwei tragenden Säulen der just zu dieser Spielzeit neu gegründeten Damenmannschaft, die in der Bezirksliga Nord an den Start gehen wird, indem sie die weite Reise nach Crivitz mit antraten und als Offizielle auf der Bank Platz nahmen.

Von Anfang an entwickelte sich ein offenes Spiel, bei dem die HSG sogar, ganz entgegen ihrer sonstigen Gewohnheit, den besseren Start erwischte und mit 1:4 in Führung ging. Beim 7:7 war wieder alles ausgeglichen und bis zum 15:14 blieb es hauchdünn. Mit einem kleinen Schlussspurt konnte die HSG Uni Rostock die erste Hälfte mit 15:17 für sich entscheiden. Beiden Mannschaften gelang es, ihre Rückraumwerfer mehrfach in aussichtsreiche Position zu bringen. Darüber hinaus wurden vereinzelt auch ansehnlich Konter erfolgreich abgeschlossen. Auf Crivitzer Seite ragte vor allem der Rechtsaußen, eine Rechtshand, heraus, der inklusive Siebenmetern 15 Treffer erzielen konnte.

Nach der überraschend guten ersten Halbzeit war die Stimmungslage in der Kabine optimistisch. Allerdings zeichnete sich jetzt ab, dass die HSG an diesem Tag mit einem Torhütertrio würde agieren müssen, weil der nominelle Torwart das Spiel in der zweiten Halbzeit nicht fortsetzen konnte. Dafür sprangen zwei Feldspieler uneigennützig in die Bresche. Sofort konnte der neue Mann zwischen den Pfosten, den offenkundig etwas verdutzten Gegnern, zwei Bälle mustergültig abnehmen. Leider kam kurz danach der Feldspieler in ihm zum Vorschein, als er bei einem langen Konterpass aus dem Tor eilte und den Crivitzer Spieler unglücklich touchierte. Folgerichtig wurde er von den guten und unauffälligen Schiedsrichtern Obermeier/Zühlke des Feldes verwiesen. Ab sofort hütete die Allzweckwaffe Gregor Menzel das Tor der Uni-Handballer. Mit seiner Reichweite kaufte auch er den Hausherren den ein oder anderen Ball ab, darunter zwei Siebenmeter. Crivitz/Banzkow erhöhte nun den Druck, zeigte sich dabei allerdings fahrig, während die HSGler befreit aufspielten, weil ja jetzt eh nichts mehr passieren konnte, zumal der Unmut auf der Tribüne merklich stärker wurde, ob der Tatsache, dass die heimische Mannschaft kaum Kapital aus der Misere der HSG Uni Rostock schlagen konnte.

Das Spiel lebte weiterhin von der Spannung, weniger von der Qualität. Es wogte hin und her, keine Mannschaft konnte sich absetzen. Mehrfach spielte die HSG ihren Spezialangriff zu siebt, bei dem der nun wurfgewaltige Torhüter mit nach vorne ging. Das Ausrufezeichen an Spielkunst setzte sicherlich der ausgefuchste Linksaußen und Kreisspieler der Uni Rostock, Thomas Rücker, zehn Minuten vor Schluss. Völlig isoliert auf der linken Seite löste er sich von seinem Bewacher, dribbelte einen zweiten heraneilenden Verteidiger aus, indem er ihn tunnelte, sprang rechtzeitig vor dem Kreis ab, bevor der dritte Crivitzer ihn erreichte, und schloss überlegt ab. Für eine solche Szene wäre mal eine Videoaufnahme sinnvoll gewesen.

Fünf Minuten vor Schluss prangte ein 33:33 von der Anzeigentafel. Dreimal konnte die HSG vorlegen, dreimal gelang es Crivitz/Banzkow II auszugleichen. Zwei Großchancen konnten die Uni-Handballer leider nicht verwerten, dafür verpuffte auch der letzte Freiwurf der Hausherren wirkungslos. Insgesamt kann, angesichts des engen Spielverlaufes, durchaus von einem gerechten Remis gesprochen werden, wenngleich die HSG Uni die Chance gehabt hätte, die Punkteteilung zu vermeiden. Wäre der Mannschaft vor dem Spiel ein Unentschieden angeboten worden, hätte sie es aber wegen der Vorgeschichte wahrscheinlich akzeptiert. Wie im letzten Jahr (bei der

TSG Wismar) gelang den Uni-Handballern ein überraschend guter Start bei einem favorisierten Gegner.

In diesem Spiel ist insbesondere das erneut hervorragend funktionierende Kollektiv der HSG Uni Rostock hervorzuheben, das in der Lage war, sich flexibel auf mehrere Widrigkeiten einzustellen. Erfolgreichster Torschütze für die HSG war wieder einmal Gregor Menzel mit zehn Treffern, sekundiert von Thomas Rücker mit sechs und Nico Hentschel mit fünf Toren. Des Weiteren konnten sich alle Feldspieler in die Torschützenliste eintragen.

Es gilt nun, den gewonnenen Schwung auch in die nächsten Spiele zu übertragen. Zu hoffen bleibt auch, dass sich die personelle Situation rasch entspannt, was durch das nahende Semesterferienende durchaus möglich ist, zumal die HSG Uni Rostock mit dem stärksten Kader der letzten Jahre antritt, so denn ein Großteil der Spieler auch zur Verfügung steht. Am nächsten Wochenende folgt das erste Heimspiel gegen den Hagenower SV. Gegen diese Mannschaft konnten in der letzten Saison beide Spiele gewonnen werden, allerdings jeweils nur mit einem Treffer Unterschied. Die HSG ist gewarnt und erwartet den Hagenower SV mit allem, was er aufzubieten hat. Anpfiff ist Sonnabend, den 21. September 2013, um 15.00 Uhr in der Sporthalle Gerüstbauerring in Groß Klein, Rostock.

Siebenmeter: SG: 10/6, HSG: 4/4
Zeitstrafen: SG: 4, HSG: 4 + Disqualifikation (Behn)

HSG Uni Rostock: Helwing (TW), Behn (1), Fehringer (3), Haack (3), Hentschel (5), Klein (3), Menzel (10), Rücker (6), Scherf (3), Schöneich(2)
Mannschaftsverantwortlicher: Thomas Rücker

## HSG-Teams am Binzer Strand in Partylaune

Am 24. Mai stand in diesem Jahr wieder der Ausflug auf die größte deutsche Insel an, um dort im Sand des Ostseestrandes bei den vorbeiflanierenden Passanten die Lust auf Handball zu wecken. Dieses Turnier ist mittlerweile zu einem festen Termin im Kalender der HSG geworden. Unter anderem auch, weil es hierbei für die HSG Uni Rostock nicht ausschließlich um den sportlichen Erfolg geht, sondern viel eher der Mannschaftszusammenhalt gestärkt wird, sowohl mannschaftsintern als auch zwischen der Damen- und der Herrenmannschaft. Der zweite Punkt wurde maximal ausgereizt, soviel sei schon vorweggenommen.

Der diesjährige Reiseleiter, Ole, organisierte in vorausschauender Weise einen Zeltplatz beim Bundeswehr-Sozialwerk, der die Basis für das herrliche Wochenende werden sollte. Auf verschiedenen Wegen reisten die Spieler an, nicht nur auf der Schiene, sondern auch per PKW aus Rostock, Stralsund und Greifswald, wenngleich die Bahn-Fraktion schon bei der Abfahrt vom Rostocker Hauptbahnhof definitiv nicht mehr fahrtüchtig war. Selbst ehemalige HSG-Akteure eilten nach Binz, um an dieser Mannschaftsfahrt teilzunehmen und ihre ehemaligen Kameraden zu unterstützen. Zunächst fand man sich am Sammelpunkt, baute die Zelte auf und plante den Einkauf. Während manche Mannschaftsmitglieder eben diesen erledigten, bauten die verbliebenen Akteure unter Anleitung von Karsten einen Unterstand, indem eine riesige Plane mithilfe von Wäscheleinen an verschiedenen Bäumen befestigt wurde.

Bei dem abendlichen Regen erwies sich diese Konstruktion als äußerst hilfreich. Etwa die Hälfte der 18 Angereisten nutzten bereits am Freitag die Möglichkeit, bei badefreundlichen 16 Grad in den Ostseewogen vor Rügen schwimmen zu gehen, unter anderem auch deswegen, weil wirklich erstklassige Waschräume zur Verfügung standen, um sich wieder aufzuwärmen.

Bereits am ersten Abend war die Stimmung außerordentlich gut und ihre Trinkfestigkeit konnten alle HSGler unter Beweis stellen, wobei die Mädels den Jungs in nichts nachstanden. Der nächste Morgen war dann für alle erwartet schwer. Trotzdem brachen die Teams nach einem kleinen Frühstück mit belegten Brötchen und fast nur nichtalkoholischen Getränken auf. Der Fußweg war lang, aber den schönen Strand und die hervorstechende Bäderarchitektur im Stil des späten 19. Jahrhunderts konnten viele in doppelter Ausführung bewundern. Kaum war der HSG-Tross am Spielort eingetroffen, etwa gegen halb zehn, stellte man fest, dass die Männer ihr erstes Spiel erst um 12:15 Uhr bestreiten mussten. Wenigstens für die Frauen hatte sich das Aufstehen gelohnt, da sie bereits im zweiten Spiel des Tages gefordert waren.

Die sportliche Leistung der Damenmannschaft an diesem Wochenende ist sicherlich höher einzuschätzen als die der Herrenmannschaft. Den Damen standen lediglich fünf Spielerinnen zur Verfügung, im Verlaufe des Turniers, nach einem Handbruch, gar nur noch vier. Dagegen schöpften die Männer aus dem Vollen, weil sie auf einen 13-köpfigen Kader zurückgreifen konnten. Dank des Sportsgeistes der anderen Mannschaften durften sich die Frauen jedoch immer wieder Spielerinnen von anderen Mannschaften „ausleihen". Am Ende stand ein fünfter Platz zu Buche, immerhin verwiesen die HSG-Mädels vier Mannschaften auf die weiteren Plätze. Die Männer erkämpften sich den siebten Platz, wenngleich jedes der vier Spiele verloren ging. Dieses Ergebnis resultierte aus einer Melange von Gründen, die jetzt nicht alle im Einzelnen aufgeführt werden sollen. Hauptsächlich war wohl der Gedanke ausschlaggebend, allen mitgereisten Spielern ausgiebig Einsatzzeit einzuräumen. Dadurch ergab sich die Notwendigkeit taktischer Umstellungen. Es wurde freiwillig auf Torwarttore verzichtet und es kam zu Selbsteinwechselungen nur noch eingeschränkt einsatzfähiger Spieler.

Nachdem die Finalspiele ausgetragen worden waren und das unglaublich spannende Meisterschaftsfinale der Handballbundesliga zur Genüge diskutiert wurde, konnten die Urkunden abgeholt werden. Das Grau des Vormittags hatte sich längst verzogen, die maritime Kulisse strahlte hell in der spätnachmittäglichen Sonne und die HSG teilte sich für den Heimweg in kleinere Grüppchen auf. Eine Gruppe ließ Lauras Handverletzung im Bergener Krankenhaus versorgen, eine andere kaufte für den Abend ein und eine dritte flanierte noch zur Seebrücke, bevor es zum Basislager zurückging.

Dort angekommen genossen die Uni-Handballer den schönen Abend, aßen, tranken und diskutierten über Gott und die Welt. Genauer kann leider nicht ins Detail gegangen werden, da sich der Autor nur noch dunkel an alles erinnert. Getreu dem Motto: „Wer sich am nächsten Tag an das Fest erinnert, hat es nicht erlebt!" Die vielen leeren Flaschen, nicht nur Bierflaschen, ließen einiges erahnen. Dennoch wurde am Sonntag alles vorschriftsmäßig abgebaut und aufgeräumt, sodass der Zeltplatz pünktlich und in ordnungsgemäßem Zustand geräumt werden konnte. Die Ersten begaben sich nun auf den Heimweg, der Rest beschloss, den wunderschönen Sonntagnachmittag nochmals am Strand zu verbringen, inklusive zu schwimmen, Volleyball zu spielen und Touristen zu verunsichern. Erst als die letzten Minuten ausgekostet waren, brachen alle auf den Heimweg auf, sowohl mit der Bahn als auch mit Autos.

Dieses sehr erlebnisreiche Wochenende wird allen Beteiligten in guter Erinnerung bleiben und als Basis für viele Geschichten herhalten. Außerdem stellten die Mitglieder der HSG Universität Rostock – Abteilung Handball dieses außergewöhnliche Gefühl her, welches alle Spieler verbindet und es zu etwas Besonderem macht, für die HSG zu spielen. Wir freuen uns schon auf Binz 2015!

## HSG mischt die 20. Binzer
## Beachhandball-Tage auf

Das letzte Wochenende im Mai war keines wie jedes andere. Insgesamt 18 Jungs und Mädels der HSG machten sich wie schon in den letzten Jahren nach Binz auf, um an dem dortigen Beachhandballturnier teilzunehmen. Im Gegensatz zum Vorjahr war jedoch die Damenriege den Männern zahlenmäßig mehr als ebenbürtig, was ein weiterer untrüglicher Beweis für das gesunde Wachsen der Damenabteilung sein dürfte, selbst für die Skeptiker, welche nach dem Gewinn des Kreispokals durch die HSG-Mädels im April immer noch Zweifel hegten. Die familiäre Atmosphäre macht das Binzer Turnier zu einem der attraktivsten auf der Tour, weswegen sich dort auch oftmals Mannschaften begegnen, die schon in den letzten Jahren aufeinandergetroffen sind.

Mit den Orla-Palmen, den Habaneros und den Gottesgleichen haben die Männer in den letzten Jahren schon Bekanntschaft geschlossen und die Beach-Dinos machten das Turnier auch in diesem Jahr zu etwas Besonderem, denn jeder, der ihnen schon einmal beim Beachen zugesehen hat, wird bestätigen können, dass den Dinos ein gewisses Showtalent nicht abzusprechen ist. Die Frauen trafen ebenfalls auf Gegner vorvergangener Jahre, wie die weibliche Vertretung der Beach-Dinos oder die Maikäfer.

Am Freitag wurden die Zelte auf dem Campingplatz des Bundeswehr-Sozialwerkes aufgeschlagen und nachdem die obligatorischen Aufbauarbeiten abgeschlossen und die notwendigen Einkäufe getätigt worden waren, konnten die Vertreter der HSG Uni Rostock zum gemütlichen Teil des Abends übergehen. Zunächst stärkten sich die Akteure für den bevorstehenden Samstag, danach wurden bis in die frühen Morgenstunden fundamentale Gespräche geführt, die angefangen von der Länge des morgigen Hinweges über die taktischen Vorgaben für die Besonderheiten bei Beachhandballturnieren bis hin zur langfristigen strategischen Aufstellung der Handballabteilung der HSG reichten.

Das Lagerfeueridyll und der eine oder andere Becher mit alkoholischen Getränken befruchteten die ohnehin angeregte Diskussion und förderten sowohl viele neue Meinungen als auch Erkenntnisse zutage und warfen darüber hinaus noch generische Fragen auf.

Die größte Sorge hatte am Freitag das Wetter des Turniertages bereitet und im morgendlichen Nieselregen schienen sich die Befürchtungen zu bestätigen. Es half jedoch alles nichts, der HSG-Tross musste sich gegen 08:45 Uhr in Bewegung setzen, um pünktlich gegen 09:30 Uhr am Austragungsort in unmittelbarer Nähe der Binzer Seebrücke einzutreffen. Bezüglich des Wetters sei gesagt, dass zwar alle den einen oder anderen Schauer abbekommen haben, es jedoch noch deutlich schlimmer, wenigstens den Vorhersagen nach, hätte kommen können. Einige Ortskundige versicherten den Spielern, dass es in Binz eine Art Mikroklima gäbe, welches präzise Vorhersagen erschwerte bis unmöglich machte. Dies schien auch auf den Turnierverlauf zuzutreffen.

Im Vorfeld waren die größeren Hoffnungen der HSG in die Damen gesetzt worden, weil sie in der zweiten Saisonhälfte merklich zueinander gefunden und sogar einen Titel errungen hatten. Darüber hinaus standen ihnen neun Spielerinnen zur Verfügung. Die Vorzeichen für die Männer muteten hingegen deutlich düsterer an. Im Gegensatz zu der Saison der Frauen, war bei den Herren der Schöpfung die erste Saisonhälfte in der Verbandsliga Ost die bessere. Von vielen Verletzungen gebeutelt, konnten außerdem an diesem Wochenende nur sieben Spieler eingesetzt werden.

Umso erstaunlicher und erfreulicher war das Auftreten der Männer zu bewerten. Es gelang irgendwie, die Probleme an diesem Tag beiseitezuschieben. So konnten die HSGler ihre beiden Spiele in der Vorrunde gewinnen, wodurch sie sich den Gruppensieg sicherten. Zugegebenermaßen hatte es die Losfee in diesem Jahr auch gut mit den Uni-Handballern gemeint, weil sie die vermeintlich leichtere Gruppe erwischt hatten.

Die HSG-Mädels hingegen waren vom Pech verfolgt, bekamen eine schwere Gruppe zugelost und verloren sogleich die ersten beiden Spiele, wenn auch nur knapp. Dass die Moral stimmte, konnten sie im abschließenden Spiel der Vorrundengruppe nachweisen. Sie bezwangen die Atemlosen und sicherten sich somit das Recht, im Spiel um den fünften Platz antreten zu dürfen. Die Männer hingegen mussten nach dem Gruppensieg leider eine fast dreistündige Pause einlegen, so wollte es der Spielplan, wodurch sie etwas aus dem Tritt kamen. Gegen die stark aufspielenden Beach-Dinos zeigten sie dann zwar eine ansprechende Leistung, verloren das Halbfinale aber klar. Somit blieb es ihnen vorbehalten, sich mit den Habaneros um den dritten Platz zu duellieren.

Im Platzierungsspiel um den fünften Rang verlangten die HSG-Mädels ihrem Gegner, dem HC Fehltritt (einer Abordnung des großen HC Leipzig), noch einmal alles ab und zwangen ihn ins Penalty-Werfen. Dieses hielten die Uni-Handballerinnen lange offen, bis sie durch einen äußerst umstrittenen Pfiff der schwachen Schiedsrichter ihrem Konkurrenten den Vortritt lassen mussten. Am Ende stand dann Rang sechs zu Buche, wobei die Mädels im gesamten Turnierverlauf respektable Leistungen boten.

Das Spiel der Männer um Platz drei wurde leider nicht in voller länge ausgetragen, da die Zeit drängte, was die Veranstalter wohl schon vorhergesehen hatten. So musste nun also auch hier eine Entscheidung im Penalty-Werfen fallen. Es war wirklich ein seltsamer Tag, denn in den vergangenen Jahren hatten die Männer hier einige Schwächen gezeigt. Im Jahr 2015 waren diese aber offenkundig verschwunden, wodurch es der HSG möglich war, auch das dritte Penalty-Werfen hintereinander für sich zu entscheiden. Durch einen souverän verwandelten Penalty und einen äußerst wertvollen, weil zwei Punkte zählenden, Spin-Shot gelang es, den Gegner unter Druck zu setzen. An eben diesem und an drei durch das Torhüterduo der Uni-Handballer entschärften Penaltys zerbrachen die Habaneros, wie schon in der Vorrunde, was der HSG einen völlig unerwarteten aber nicht unwillkommenen dritten Platz bescherte. So komisch es klingt, einige Spieler wirkten nach dem Erfolg etwas perplex. Bis zur Siegerehrung waren aber alle wieder klargeistig und so konnten Judith und Frank die Urkunden für die HSG-Mannschaften in Empfang nehmen.

Gegen Ende dieses erlebnisreichen Tages wanderte die HSG-Kolonne in gemächlichen Tempo gen Zeltplatz. Dort wurde die gemütliche Atmosphäre des Vorabends wiederhergestellt, wenngleich das Wetter noch ein paar Kapriolen schlug. Eigentlich war angedacht, an diesem Abend deutlich länger zu feiern als am vorigen, die Anstrengungen des Tages und des

Turniers forderten jedoch ohne jeden Zweifel ihren Tribut. Auch die HSG-Mitglieder werden eben nicht jünger, wenngleich man es den meisten überhaupt nicht ansieht.

Wie in den letzten Jahren war auch die 20. Auflage dieses traditionsreichen Turniers ein voller Erfolg und die Mannschaften der HSG Uni Rostock sind stolz, einen kleinen Teil zu dieser gelungen Veranstaltung beigetragen zu haben. Es hat uns sehr viel Spaß gemacht, vor der malerischen Kulisse der Binzer Herrenhäuser Beachhandball zu spielen. Wir kommen wieder, spätestens im nächsten Jahr!

## Mit frischem Wind in die neue Saison – Handballabteilung der HSG so stark wie nie aber auch in unbekannten Gewässern

Dem aristotelischen Motto folgend, dass man zwar den Wind nicht ändern könne, jedoch über die Macht verfüge, die Segel richtig zu setzen, hat die HSG Uni Rostock versucht, sich für die anstehenden Aufgaben zu wappnen. Auch im nunmehr siebten Jahr des Bestehens dieses Projekts gilt es, sich auf Veränderungen einzustellen und richtungsweisende Entscheidungen zu fällen. So wurde es auch in Rostock gehandhabt und die Uni-Handballer freuen sich, vermelden zu dürfen, dass nunmehr eine dritte Mannschaft der HSG am Punktspielbetrieb teilnehmen wird. Neben der ersten Männermannschaft, welche in diesem Jahr in der Verbandsliga West des HVMV antritt, und den Frauen, die weiterhin in der Bezirksliga Nord des BHV Rostock spielen, wird ab September eine zweite Männermannschaft der HSG in der Bezirksliga Nord des BHV um Punkte kämpfen. Somit verstärkt die HSG ihre Präsenz im Bezirksspielbetrieb und etabliert sich weiter als fester

Bestandteil der Vereinshandballlandschaft in Rostock und darüber hinaus.

## HSG-Mädels blicken optimistisch in die Zukunft

Nach einem schwachen Start in die letzte Saison, vornehmlich durch quantitative Probleme verursacht, zeigte die Formkurve gegen Ende deutlich nach oben. Die Krönung war natürlich der Überraschungs-coup, welcher den Uni-Handballern im April gelang, als sie sich den Kreispokal gegen starke Konkurrenz sichern konnten. Allerdings ist es nach wie vor schwer, verlässlich zu prognostizieren, wie die Saison für die HSG-Mädels verlaufen könnte. Zum einen, aufgrund eigener Leistungsschwankungen, zum anderen, wegen der unübersichtlichen Gesamtlage in der Bezirksliga.

Nach dem Aufstieg des Vorjahresmeisters Ribnitzer HV in die Verbandsliga ist die Favoritenposition vakant. Durch das Hinzukommen einer zweiten Vertretung des Schwaaner SV sowie einer Delegation der SG Motor Neptun Rostock erhöht sich die Teilnehmerzahl in der Liga auf insgesamt sieben Mannschaften. Vor allem auf letzteren Akteur wird zu achten sein, gingen seine Spieler doch in der Vorsaison noch in der Verbandsliga, als zweite Vertretung des SV Warnemünde, auf Torejagd. Bei den anderen Teams bleibt abzuwarten, welche Spieler auf der Platte stehen werden. Es handelt sich um die Reserven der MV-Ligisten SV Pädagogik Rostock und Bad Doberaner SV sowie des Verbandsligisten SV Eintracht Rostock. Komplettiert wird das Starterfeld durch die Frauen des SV Warnemünde III. Somit kann die Ausgangslage durchaus als unklar angesehen werden, was auf eine spannende, umkämpfte aber jederzeit sportlich faire Saison 2015/2016 hoffen lässt.

So sieht es auch Gregor Menzel, Trainer der Uni-Frauen, der sein Team in der Saison weiter voranbringen möchte: "Es geht in erster Linie darum, uns sowohl individuell als auch mannschaftlich zu verbessern. Wir wollen einfach ein Spiel nach dem anderen spielen und werden in jeder Partie versuchen, die bestmögliche Leistung zu bringen und sich uns bietende Chancen zu nutzen. Darüber hinaus sollen sich die Mädels aber auch bei jedem Spiel und jeder Trainingseinheit daran erinnern, warum sie sich von der schönsten Ballsportart haben begeistern lassen. Gerade vor dem studentischen Hintergrund unserer Truppe darf der Spaß auf keinen Fall zu kurz kommen."

Dennoch wäre es für einen Übungsleiter ungewöhnlich, wenn ihn nicht die eine oder andere Idee beschäftigen würde. "Ein Hauptziel besteht darin, unsere gute 5-1-Abwehr weiter zu stabilisieren und zu verbessern. Des Weiteren sollten wir auch eine aggressivere Abwehrvariante in Überzahl, eine 3-3- oder 4-2-Abwehr, vorbereiten, um auf gewisse Spielsituationen reagieren zu können. Eine derartige Variante in petto zu haben, ermöglichte es uns, flexibel zu sein." Mit einem Schmunzeln fügte Gregor Menzel noch an: "Dafür muss aber auch jeder ganz genau wissen, was er zu tun hat!" Weiterhin soll mehr Druck über das Tempospiel gemacht werden. Hierzu gilt es vor allem, die Lauf- und Passwege zu präzisieren, insbesondere um die Fehlerquote zu senken. Los geht es am 19. September mit einem Auswärtsspiel bei der zweiten Vertretung des Bad Doberaner SV, bevor am darauffolgenden Wochenende die zweite Mannschaft des SV Pädagogik Rostock zum ersten Heimspiel empfangen wird.

## Männer machen klar Schiff

Die Männer gehen – same procedure as every year – mit dem stärksten Kader seit Wiedergründung der Handballabteilung in die anstehende Saison. Momentan bilden 30 Spieler das Aufgebot der HSG. Durch die solide Aufbauarbeit der letzten sechs Jahre wird die HSG Uni Rostock immer attraktiver für Spieler aller Spielstärken, was durch den kontinuierlichen Ausbau des Kaders belegt werden kann. Um möglichst vielen Spielern möglichst viel Spielzeit geben zu können, hat man sich im Planungsstab der HSG im April dafür entschieden, eine zweite Männermannschaft in der Bezirksliga Nord anzumelden.

Für die Studententruppe birgt dies einen gewissen organisatorischen Mehraufwand. Dennoch war es wohl die richtige Entscheidung, nicht zuletzt, da sich die Besatzung der HSG-Kogge im Sommer um ein weiteres halbes Dutzend neuer Akteure erweiterte. Wichtig wird am Anfang sein, alles in geregelte Bahnen zu lenken und die beiden Mannschaften zu organisieren und zu koordinieren. Für die erste Männermannschaft steht dafür weiterhin Marcel Fouquet zur Verfügung, der sich im Gegensatz zur Vorsaison voll auf sein Amt an der Seitenlinie konzentrieren wird und als Spieler, soweit zeitlich vereinbar, dann im Bezirksligateam zum Einsatz kommt.

Zu den anstehenden Aufgaben äußerte er sich wie folgt: "Zunächst bilden wir einen soliden Kader aus zehn bis zwölf Spielern, die möglichst oft zusammenspielen sollen, um sich schnell einzuspielen und die kleinen Eigenheiten der Mitspieler zu kennen. Dazu kann die Mannschaft aus unserem großen Spielerreservoir beliebig ergänzt werden, wobei als Ziel ausgegeben wird, immer in voller Stärke dem Gegner entgegenzutreten." Des Weiteren soll vor allem die Abwehrarbeit, insbesondere die Blockarbeit, verbessert werden und auch vorne gilt es, einige Baustellen zu beseitigen. "Im Angriff müssen wir effizienter werden, das heißt, möglichst viele Tore erzielen und die Ballsicherheit verbessern. Im letzten Jahr haben wir durch Unachtsamkeiten, also durch technische Fehler und schwache Abschlüsse, zu viele Bälle verloren, was uns in einigen Spielen das Genick gebrochen hat." Ähnlich wie der Trainer der Damenmannschaft wollte sich auch Marcel Fouquet auf kein konkretes Saisonziel festlegen. "Wir glauben, eine gute Truppe beisammen zu haben." Da die

Erst- und Zweitplatzierten der Verbandsliga West im letzten Jahr von ihrem Aufstiegsrecht Gebrauch gemacht haben, ist die Liga völlig offen. "Wir werden versuchen, jedes Heimspiel zu gewinnen und unseren Anhängern und Unterstützern spannende, attraktive und möglichst erfolgreiche Spiele der HSG in Rostock zu präsentieren. Bei Auswärtsfahrten hängt es dann immer davon ab, welche und wie viele Spieler sich bereitfinden, die eine oder andere lange und zeitraubende Reise anzutreten." Die Wundertüte ist sprichwörtlich eben immer mit von der Partie! Zum ersten Mal könnte sie bereits am 05. September aufgehen, wenn die Uni-Handballer beim Vellahner SV im Landespokal antreten müssen. Eine Woche später dürfen die Männer dann den VfL Blau Weiss Neukloster in heimischer Halle begrüßen. Am 27. September geht es nach Plau, um dort erstmalig auch auswärts um Punkte zu kämpfen.

## Zweite Herrenmannschaft setzt die Segel

Hauptanliegen der zweiten Mannschaft ist es, Spielern Spielzeit einzuräumen, die in den letzten beiden Jahren hier und da zurückstecken mussten. Auch den Rekonvaleszenten bietet das Team die Möglichkeit, nach erlittenen Verletzungen wieder Vertrauen zum eigenen Körper im Wettkampfbetrieb aufzubauen. Darüber hinaus heißt es „Zurück zu den Wurzeln", denn vor fast genau sechs Jahren wurde mit einem Spiel in der damaligen Kreisunion Rostock (heute Bezirksliga Nord) das Projekt HSG Uni Rostock aus der Taufe gehoben. Teilweise sind die Gegner von damals noch immer zugegen. Mit der vierten Vertretung vom HC Empor Rostock und der vierten und fünften Mannschaft des SV Warnemünde trifft man auf alte Bekannte.

Bezüglich der vakanten Position des Mannschaftsverantwortlichen für die Zweite konnte vor Wochenfrist auch eine hoffnungsvolle Lösung gefunden werden. Da das Training ohnehin gemeinsam unter Verantwortung von Marcel Fouquet und Gregor Menzel stattfindet, bedarf es lediglich eines ständigen Ansprechpartners, welcher Frank Fehringer sein wird, und einer Instanz, die an Spieltagen die Verantwortung auf der Bank übernimmt. Letztere soll in der Obhut der Frauenmannschaft liegen, welche für die Punktspiele dann die Mannschaftsverantwortlichen abstellen soll, die auf der Bank bei den Männern für

Ruhe sorgen, organisatorische Aufgaben überneh-men und auf Dinge hinweisen, die Spielern in der Hektik eines Spiels sonst entgehen könnten.

Wie lange die Damen ihre Freude an diesem Projekt haben werden, bleibt abzuwarten. Ihre Feuertaufe haben sie zumindest schon bestanden. Bei einem Trainingsspiel gegen ein Mixteam des SV Warnemünde wussten Tine Hedfeld und Helene Ra-delhof gestandenen HSG-Mannen wie Karsten Scherf, Tim Piater und Marcus Helwing mit sachdien-lichen Hinweisen weiterzuhelfen. Als toller Nebenef-fekt manifestiert sich in diesem Verantwortungszirkel die Verbundenheit der HSG-Familie: Mit Gregor Menzel übernimmt dann ein Spieler der ersten Män-nermannschaft die Frauen, dem Damenteam obliegt die Betreuung der Bezirksliga-Männer und Marcel Fouquet, Trainer der Ersten, wird das Trikot der Zweiten überstreifen. Am 13. September tritt die neu formierte Truppe gegen die HSG Warnemünde an. Zum ersten Heimspiel der Zweiten empfangen die Uni-Handballer am 11. Oktober die Reserve des Ribnitzer HV.

## Mögen die Spiele beginnen!

Was lässt sich zusammenfassend sagen? Die Quintessenz lautet: Die HSG ist bereit für die neue Saison. Drei Mannschaften warten darauf, sich mit ihren Gegnern messen zu dürfen. Wir hoffen auf tolle Spiele und unvergessliche Erlebnisse. Was die Resultate anbelangt, orientieren wir uns in diesem Jahr an einem Ausspruch des griechischen Philosophen Demokrit: „Mut ist der Tat Anfang aber das Glück entscheidet über das Ende!" In diesem Sinne grüßt die Besatzung der HSG-Kogge und verkündet: Volle (Kaper-)Fahrt voraus!

## Abschließender Logbucheintrag
## zur Saison 2015-16

Weil es mitunter kompliziert werden kann, allen Nachrichten und Infos gesondert nachzugehen, gibt es an dieser Stelle nun den Abschlussbericht über das vergangene Spieljahr aus Sicht aller im Wettkampfbetrieb vertretenen HSG-Mannschaften. Es waren ja zum ersten Mal in der noch jungen Abteilungsgeschichte gleich drei Teams mit dem Stier auf der Brust im Ligabetrieb aktiv.

## Die Zweite

Die größte Unbekannte aus unserer Sicht war vor Saisonbeginn sicherlich die neu aufgestellte zweite Herrenmannschaft. Aufgrund des stetigen Zulaufs in den letzten Jahren ist der gesamte Herrenkader den anfangs ziemlich kleinen Kinderschuhen längst entwachsen. Es war und ist für uns natürlich schön zu sehen, wie sehr das Projekt HSG Uni Rostock – Handball von den Sportlern und Sportbegeisterten in der Region angenommen wurde und wird. Dies be-

44

dingte jedoch die Tatsache, dass bei Weitem nicht mehr allen HSG-Akteuren ausreichend Spielzeit zugesichert und auch eingeräumt werden konnte. Um eben jenen Missstand zu beheben, hoben die HSG-Verantwortlichen die Zweite aus der Taufe. Mit ihr kehrte die HSG auch zu ihren Wurzeln in der Männer-Bezirksliga des BHV Nord zurück, in welcher vor mittlerweile sieben Jahren alles anfing.

Der Saisonstart verlief sodann auch äußerst vielversprechend. Die HSGler konnten sich frühzeitig in der Spitzengruppe etablieren, die Liga aufmischen und den beiden langjährigen Favoriten Paroli bieten. Der Saisonhöhepunkt war sicherlich das Heimspiel gegen den SV Warnemünde IV, welches die Uni-Reserve dominierte: Die Teepottstädter konnten mit 26:15 (nach 52 Minuten hatten die Gäste lediglich elf Treffer erzielt) bezwungen werden. Leider war es der Zweiten nicht möglich, diese Leistung kontinuierlich über die gesamte Saison abzurufen.

So mussten die Uni-Handballer Niederlagen gegen vermeintlich schwächere Kontrahenten hinnehmen. Der Kontakt zum Führungsduo (HC Empor Rostock IV und SV Warnemünde IV) ging dementsprechend schnell verloren. Bedingt war dies sicherlich auch durch arge Personalnöte, welche insbesondere die Mitte der Spielzeit prägten. Mit anderen Worten: Die Sorge, zu wenig Einsatzzeiten zu bekommen, trieb in diesem Spieljahr keinen HSG-Akteur um.

Allen Widrigkeiten zum Trotz kämpften sich die Uni-Handballer von Spiel zu Spiel durch und erhielten sich die Chance, am Ende doch noch das Treppchen erklimmen zu können. Diese konnten sie in einem wahren Endspiel um die Bronzemedaille schlussendlich auch nutzen. Im neuen Jahr hatten einige Freibeuter auf der HSG-Kogge angeheuert, wonach der Wind auffrischte und wieder Fahrt aufgenommen wurde. So entführte die Zweite die letzten Punkte der Saison aus der Schwaaner Bekehalle und bescherte der HSG einen famosen dritten Platz in der Bezirksliga Nord. Darüber hinaus gelang es, diese Leistung auch beim Bezirkspokal im April zu bestätigen, denn auch hier errangen die Uni-Handballer den dritten Platz. Die erste Saison der Zweiten kann demnach, wenigstens aus unserer Sicht, durchaus als gelungen erachtet werden.

# Die Erste

Das Flaggschiff der Handballabteilung segelte in dieser Saison wieder durch die Gewässer der Verbandsliga West des HVMV. Nachdem das Uni-Team in der Vorsaison noch in der Oststaffel auf Punkte- und Torejagd ging, galt es nun, sich wieder auf neue Gegner einzustellen. Gleich im ersten Heimspiel sollten die HSGler den späteren Meister, den VfL Blau-Weiß Neukloster, empfangen. Es setzte eine deftige, jedoch zeitgleich offenkundig auch lehrreiche, "Klatsche", denn die HSG-Freibeuter kämpften die ganze Saison mit dem Messer zwischen den Zähnen um jeden Punkt. Der vermeintlich stärkste Kader der noch jungen Abteilungsgeschichte ermöglichte es, mit einigen unschönen HSG-Traditionen zu brechen. So waren die Uni-Handballer in fremden Hallen deutlich gefährlicher als in den Vorjahren, enge Spiele konnten öfter zugunsten der Rostocker entschieden werden, die HSG belohnte sich mehr als früher für aufopferungsvolle, kämpferische Leistungen und die Bank war nachweislich voller als früher.

Diese erfreulichen Entwicklungen wussten die Studenten zu nutzen. So gelang es, erstmals seit der

Zugehörigkeit zur Verbandsliga des HVMV, die Saison sowohl mit einem positiven Punkt- als auch Torverhältnis abzuschließen. Die beiden Siege gegen den Vizemeister, die TSG Wismar, stachen sicherlich ein wenig aus der guten Spielzeit heraus, wobei vor allem der Triumpf in der westmecklenburgischen Hansestadt im Dezember 2015 in Erinnerung bleibt, kam er doch beim damaligen Tabellenführer mehr als überraschend, jedoch war er auch äußerst willkommen. In der zweitligatauglichen Spielstätte gelang es, die TSG in die Schranken zu weisen und die Punkte zu entführen. Allerdings dürfen die Siege gegen Hagenow und Plau, der Erfolg im umkämpften Heimspiel gegen Wittenburg und das irre Unentschieden gegen Warnemünde II nicht unerwähnt bleiben. Einzig gegen Neukloster war die HSG in diesem Jahr chancenlos und musste sich gleich zweimal klar geschlagen geben. Einen kapitalen Ausrutscher leisteten sich die Uni-Handballer aber dennoch, denn zwei Punkte verblieben bei den bis dahin sieglosen Crivitzern.

Im Saisonendspurt bündelte die Erste dann aber noch mal alle Kräfte und ging aus dem spannenden Vierkampf um Platz drei in der Verbandsliga West zu guter Letzt als Sieger hervor. Im abschließenden Duell mit dem Drittplatzierten der Oststaffel, dem SV Motor Barth, demonstrierte die HSG ihre Stärke und bezwang den Kontrahenten in zwei fairen Spielen deutlich. Der dadurch errungene fünfte Platz in der kombinierten Verbandsliga des HVMV ist die beste bisher errungene Platzierung der Rostocker in der Abteilungsgeschichte, wenngleich es weiterhin gilt, Defizitreduktion zu betreiben. Sinistere Omen sind jedoch bis dato nicht erschienen, weswegen ein hoffnungsvoller und optimistischer Blick in die Zukunft angebracht zu sein scheint.

## Die Mädels

An dieser Stelle fehlen dem Autor fast die Worte – was durchaus selten vorkommt. Eines lässt sich jedoch mit an Sicherheit grenzender Wahrscheinlichkeit feststellen: Die Damenmannschaft hat die in sie gesetzten – durchaus hohen – Erwartungen bei Weitem übertroffen. Früher hätte man in unserer Region sicher von Planübererfüllung gesprochen. Höhepunkte dieser Saison in der Bezirksliga des BHV Nord zu benennen fällt schwer, ähnelte sie über weite Strecken doch – ohne bramarbasieren zu wollen – einem Durchmarsch. Einzig und allein die zweite Vertretung des SV Pädagogik Rostock konnte den Uni-Handballerinnen wiederholt Paroli bieten und auch ein Duell in der Bezirksliga für sich entscheiden. Bedauerlicherweise wurde die Staffel in dieser Spielzeit aufgrund massiver Verstöße gegen die Spielordnung (durch den Einsatz nicht spielberechtigter Akteure) maßgeblich durch Entscheidungen am Grünen Tisch beeinflusst.

Umso erfreulicher war es, dass die HSG-Mädels beim Bezirkspokal dem Publikum in Bad Doberan noch einmal auf der Platte demonstrierten, wie und warum sie den Meistertitel in der Bezirksliga ergattern konnten – nämlich mit vier Siegen in vier Spielen. Nebenbei fiel ihnen dabei auch noch der Bezirkspokal in die Hände. So gelang es, mittels des Double-Gewinns schlussendlich die Abteilungsleitung von den Vorzügen eines Aufstiegs in die Verbandsliga zu überzeugen. Sublime Anpassungen an die veränderten Gegebenheiten werden jedoch auch bei der Damenmannschaft vonnöten sein, um in der zweithöchsten Spielklasse Mecklenburg-Vorpommerns Konkurrenzfähigkeit unter Beweis zu stellen.

Die Handballabteilung der HSG Uni Rostock verabschiedet sich hiermit in die wohlverdiente Sommerpause. Nebenbei planen die HSG-Aktiven, noch diverse Beach-, Rasen- und Saisonvorbereitungsturniere unsicher zu machen. Die anstehenden Aufgaben werden indes weder kleiner noch leichter. Die Zweite muss ihre gute Premierensaison bestätigen, die Erste will erneut auftrumpfen und den Mädels steht eine schwere erste Saison auf Landesebene bevor. Allerdings bitten wir, uns nicht misszuverstehen: Wir freuen uns schon darauf!

## In medias res – Mitten hinein in die Dinge

Nach einer viel zu langen Sommerpause und einer gelegentlich quälenden Vorbereitung meldet sich die HSG Uni Rostock hiermit offiziös wieder zurück. Auch wenn wir auf diversen Beach- und Rasenturnieren aktiv waren, uns fitzuhalten versuchten und Freude hatten, eine schöne Zeit verbrachten und neue Freunde fanden, ist und bleibt das Handballspielen in den Sporthallen unseres Bundeslandes eben doch unsere Kernkompetenz, wenngleich sich diese zuweilen nicht für jeden sofort zu offenbaren vermag.

Des Weiteren haben wir an Veranstaltungen des Hochschulsports sowie generell an Breitensportveranstaltungen teilgenommen und trugen auch zur Sicherung und Durchführung eben dieser, wie etwa beim Rostocker Citylauf bei. Abteilungsübergreifend zeigten wir uns insofern aktiv, als dass wir zusammen mit den Volleyballern, Baseballern und Parkourartisten ein gemeinsames Promo-Video drehten und gleichzeitig Rostock unsicher machten.

Darüber hinaus war uns daran gelegen, hin und wieder über den Tellerrand zu blicken und gesellschaftliche Aspekte in den Vordergrund zu rücken, wie beispielsweise bei unserem Aufruf zum Blutspenden in erfreulicher Kooperation mit der Universitätsmedizin. An dieser Stelle sei noch einmal jedem die Blutspende ans Herz gelegt. Mit äußerst geringem Eigenaufwand, nebst freundlicher und fachkundiger Betreuung durch das Personal der Universitätsmedizin, kann jeder im Ernstfall einen Beitrag zur Lebensrettung vollbringen. Wenn das kein Anreiz ist!

Neben all diesen abwechslungsreichen Aktionen besteht darüber hinaus nicht der geringste Zweifel, dass alle HSG-Mitglieder das Ende der Sommerpause herbeisehnten, um endlich wieder im geregelten Punktspielalltag auf Punkte- und Torejagd gehen zu dürfen. Dennoch blieb die Abteilungsleitung auch während der sportlichen Ruhephase aktiv, weswegen sich ein paar Änderungen zur Vorsaison ergeben, auf welche hier noch näher eingegangen werden soll.

Ein erster kleiner Überblick lässt erahnen, dass die Handballabteilung, nunmehr im achten Jahr ihres

Bestehens, weiterhin bestrebt ist, ihre Strukturen zu festigen und weiter auszubauen. Wie im vergangenen Spieljahr werden drei Mannschaften für die, sich hauptsächlich auf studentische Eigeninitiative stützende, HSG sowohl im Verband als auch im Bezirk an den Start gehen. Da sich in den letzten Monaten vermehrt Sportbegeisterte bei uns gemeldet haben bzw. vorstellig geworden sind, sieht sich die Abteilungsleitung in ihrem Kurs bestärkt, sowohl auf den sportlichen als auch auf den kameradschaftlichen Aspekt großen Wert zu legen.

## Die Mädels

Nach einer sehr erfolgreichen und erfreulich verlaufenen Saison, in welcher es den Uni-Handballerinnen vergönnt war, sich sowohl die Bezirksmeisterschaft als auch den Bezirkspokal des BHV Nord zu sichern, entschlossen sich die Damen zu dem wagemutigen Schritt, ihr Aufstiegsrecht wahrzunehmen und in der nächsthöheren Spielklasse, in diesem Fall der Verbandsliga des HVMV, anzutreten. Wenngleich diese, sportlich extrem attraktive und an logische Maßstäbe angelegt, völlig verständliche, Entscheidung doch auch ihre Risiken birgt. Wir hoffen, für alle Eventualitäten gewappnet zu sein und den organisatorischen Mehraufwand stemmen zu können. Anhand der Erfahrungen, welche vor ein paar Jahren die Männermannschaft nach dem Aufstieg in die Verbandsliga sammeln durfte, sind die HSG-Verantwortlichen optimistisch, einst begangene Fehler nicht zu wiederholen und besser vorab planen zu können.

Historia magistra vitae est! Cicero, welcher dieses Leitmotiv bereits vor über zweitausend Jahren konzipierte und formulierte, sah eben die Geschichte als Lehrmeisterin des Lebens an. Natürlich sind die Analogien lediglich partiell anzuwenden, wobei sie dennoch helfen können, ein paar Stolpersteine in weiser Voraussicht zu umgehen. So haben sich die HSG-Damen beispielsweise in der Sommerpause intensiv um Verstärkung bemüht. Eben diese Anstrengungen zeitigten auch Erfolge, weswegen die Damenriege gestärkt in die neue Saison geht, wenngleich auch ein paar Akteure die HSG aus diversen Gründen verlassen mussten. Hinzu kommt noch, dass der Turnerkreis Nippes 03 e.V. bei den Uni-Handballerinnen gewildert hat.

Alles in allem wird es sicherlich ein spannendes und lehrreiches Jahr für die HSG-Mädels. Wir sind sehr gespannt, wie sie sich in der Verbandsliga Mecklenburg-Vorpommerns schlagen werden. Wichtig ist aus unserer Sicht zudem, den Perspektivwechsel hinzubekommen. Waren die Uni-Handballerinnen im vergangenen Spieljahr des Öfteren leicht favorisiert, so wird sich diese Konstellation nicht mehr so häufig ergeben. In den meisten Fällen werden sie vermutlich unter umgekehrten Vorzeichen antreten. Dennoch, jedes Spiel muss erst gespielt werden. Die erste erfolgreich absolvierte Ligapartie weckt jedenfalls Lust auf mehr. Wir hoffen auf eine schöne, faire, verletzungsfreie und spannende Saison in der Verbandsliga.

## Die Erste

Die Verbandsliga-Mannen sind die Konstante und stellen in dieser Saison quasi den Stabilitätsanker der HSG Uni Rostock dar. Sie werden weiterhin in der Verbandsliga West des HVMV an den Start gehen. Nach der erfolgreichen letzten Saison, welche auf Platz drei der Tabelle beendet werden konnte und hernach noch Siege in den Platzierungsspielen folgen ließ, sollte das oberste Ziel die Stabilisierung auf diesem sportlichen Niveau und somit auch die Bestätigung der in der Vergangenheit unter Beweis gestellten Leistungen sein. An dieser Stelle sei jedoch angemerkt, dass sich die Liga im Vergleich zur Vorsaison deutlich verändert hat. Die TSG Wismar 1. Männer entschied sich dafür, ihre erste Männermannschaft in die MV-Liga zu entsenden und die zweite Mannschaft des SV Warnemünde e.V. Handball wurde in die Oststaffel delegiert. Dafür kommen sowohl zwei Aufsteiger (Sternberger HV, HSG ESV Schwerin-Leezen) als auch zwei vormalige MV-Ligisten (TSV Bützow, Bad Doberaner SV – Handball II) hinzu. Spannung und Unberechenbarkeit dürften demnach integrale Bestandteile der DNS der Verbandsliga West des HVMV in der Saison 2016-17 sein.

Aus der Sicht der Uni-Handballer läuft jedoch alles weiter in geordneten Bahnen. Der Kader des letzten Jahres konnte zusammengehalten und punktuell verstärkt werden. Eine gute Mischung aus jungen Wilden und alten Hasen macht die HSG unberechenbarer als in ihren Anfangsjahren, in welchen die

Jungen deutlich den Ton angaben. Hinzu kommt, dass die gemachten Erfahrungen somit direkt an die Neuzugänge weitergegeben werden können, welche sich wiederum als wissbegierig erweisen und versuchen, die Ratschläge anzunehmen und in die Tat umzusetzen. Hominibus bonae voluntatis. – Menschen, die guten Willens sind.

## Die Zweite

Auch bei der zuletzt aufgestellten Uni-Truppe, unseren Bezirksliga-Mannen, verlief die letzte Saison zufriedenstellend. Sie etablierte sich sogleich als drittstärkste Kraft hinter den vierten Mannschaften des HC Empor Rostock und des SV Warnemünde, was durch die beiden dritten Plätze in Meisterschaft und Pokal demonstriert wurde. Nach einem fantastischen Start folgten erste Rückschläge und unerwartet auftretende Probleme. Dank des hervorragenden Mannschaftsklimas und neu gewonnener Stärke gelang es den HSGlern, sich frei nach Baron Münchhausen am eigenen Schopf aus dem Sumpf zu ziehen und die obig aufgeführten Platzierungen zu erkämpfen. Des Weiteren sollte der Anteil des harmonisch zusammenarbeitenden Trainerteams auf keinen Fall außer Acht gelassen werden.

Aus diesem Grund ist den HSG-Verantwortlichen auch nicht bange um das Bezirksliga-Team. Wie schon die beiden Verbandsligamannschaften profitiert auch die Zweite vom stetigen Zustrom neuer Interessenten. Darüber hinaus gelang es der HSG, auch für diese Truppe Strukturen zu schaffen und auszubauen. Eben diese sollten im zweiten Jahr nun verlässliche Tragfähigkeit erreicht haben und dem Anschlusskader der Uni-Handballer eine schöne und gut organisierte Saison ermöglichen. An dieser Stelle sei an den Reformator Ulrich von Hutten erinnert, dessen Wahlspruch heute noch Gültigkeit zu besitzen scheint: Iacta est alea. – Der Würfel ist gefallen.

Finis cantici – Das Ende vom Lied

Wenngleich der Rubikon noch nicht überschritten ist, liegt die Vorbereitung nun hinter uns. Etwaige Justierungen bzw. Anpassungen können nur noch im laufenden Spielbetrieb durchgeführt und vorgenommen werden. Die Mannschaften der Handballabteilung der HSG Uni Rostock hoffen, gut vorbereitet in die neue Saison starten zu können. Wir sind gespannt, mit welchen unvorhergesehenen Begebenheiten sie über das nächste Spieljahr konfrontiert werden. Eines steht jedenfalls zweifelsfrei fest. Unsere Akteure werden mit dem Stier auf der Brust jedes sportliche Gefecht austragen, an uns soll es nicht scheitern. Oder um es mit einer Standardphrase der ostdeutschen Handballikone Stefan Kretzschmar zu sagen: Das alles findet hier bei uns statt!

Eure HSG Uni Rostock

## Uni-Handballer in der Stabilisierungsphase

Nachdem die, immer noch in der ersten Dekade seit der Neugründung befindliche, Handballabteilung der HSG Uni Rostock in den letzten Jahren auf diversen Ebenen einen Evolutionsprozess einzuleiten und beizubehalten vermochte, stand die vergangene Saison 2016-17 unter einem anderen Stern. Bereits vor Saisonbeginn war zu erahnen, dass es für die drei Uni-Mannschaften in dieser Spielzeit darauf ankommen würde, Erreichtes zu bewahren und nach den rasanten vorvergangenen Jahren einen Konsolidierungsprozess einzuleiten. Eben dieser sollte sich natürlich für jedes Team unterschiedlich darstellen und zugleich umsetzen lassen.

Die erste Männermannschaft absolvierte ihre Pflichtspiele in der Weststaffel der Verbandsliga des HVMV und wollte an die Erfolge der Vorsaison anknüpfen, in der eine Podestplatzierung erreicht werden konnte. Dieses Unterfangen misslang gründlich, denn mehr als Platz sieben war am Ende einfach nicht drin, wenngleich die Studenten besonders mit den vielen knappen Niederlagen haderten. Trotzdem gab es auch viele schöne Momente und auch die siebte konsekutive Saison in der Verbandsliga konnte von den Spielern mit dem Stier auf der Brust absolviert werden.

Die Saison der in der Bezirksliga des BHV Nord spielenden Reserve der Uni-Handballer stand dagegen fast sinnbildlich für die Konsolidierung des HSG-Handballs. Erst in der Vorsaison gebildet, bestätigte sie die beiden dritten Plätze in Pokal und Meisterschaft, weswegen das Team zum Stabilitätsanker der Handballabteilung avancierte. Darüber hinaus integrierte die Zweite viele neue Spieler, wodurch sie Neuzugängen den Einstieg in den HSG-Männerhandball erleichterte und Rekonvaleszenten behutsam wieder an einen geregelten Spielbetrieb heranführte.

Für die Damenmannschaft der HSG Uni Rostock ist das Leitmotiv des Konsolidierungsprozesses ambivalent. Sie musste sich nach erfolgreichen Jahren in der Bezirksliga und dem Entschluss, dass daraus resultierende Aufstiegsrecht wahrzunehmen, auf gänzlich neuem, unbekanntem aber auch aufregendem und kompetitivem Terrain zurechtfinden. Allerdings ging es andererseits natürlich auch darum, sich in der nächsthöheren Spielklasse zu behaupten und den sportlichen Nachweis der Verbandsligatauglichkeit zu erbringen. Beides ist vollumfänglich geglückt, wenngleich der Konsolidierungsprozess bei den HSGirls auch in die nächste Spielzeit hineinreichen wird.

## Die Erste – Harte, nackte Zahlen

18 Spiele, sechs Siege, zwölf Niederlagen und ein Punktekonto von 12:24. Anhand dieser numerischen Deutlichkeit ist es nicht von der Hand zu weisen, dass sich die Verbandsliga-Männer vor dieser Spielzeit mehr ausgerechnet hatten. Nach der erfolgreichen Vorsaison und vor dem Hintergrund eines zusammengehaltenen Kaders gingen die Uni-Handballer mit Vorfreude und Selbstvertrauen in die Punktspielphase. Der Start in die neue Spielzeit verlief auch sogleich vielversprechend mit zwei Siegen aus drei Spielen. Im Anschluss mussten jedoch leider vier Niederlagen in vier aufeinanderfolgenden

Auswärtsauftritten der HSGler hingenommen werden.

In der Folge hielten sich Siege und Niederlage in etwa die Waage. Vier Siegen standen sieben Niederlagen gegenüber. Somit belegte das Verbandsliga-Team der HSG Uni Rostock schlussendlich den siebenten Platz in der Abschlusstabelle der Weststaffel des HVMV in der Saison 2016-17. Die entscheidende Kennziffer ist in diesem Zusammenhang jedoch -3 – die Tordifferenz der Studententruppe. Wenngleich doppelt so viele Partien verloren gegeben werden mussten als siegreich gestaltet werden konnten, waren viele von ihnen hart umkämpft. Sieben Spiele mit HSG-Beteiligung wurden anhand von maximal zwei Toren Differenz entschieden. Jedes einzelne von ihnen verlor die HSG in dieser Saison. Der Ansatzpunkt für die Saisonvorbereitung und das Training sollte demnach offensichtlich sein.

Am Ende der Punktspielsaison traf die HSG, in einer fast mysteriös anmutenden Wiederkehr der Ereignisse, wie schon vor Jahresfrist in den Überkreuzbegegnungen auf den SV Motor Barth und auch hier änderte sich der Ausgang zuungunsten der

Rostocker, da der Gegner sowohl das Hinspiel in der Universitäts- und Hansestadt als auch das Rückspiel in der Bibel- und Vinetastadt letztendlich souverän zu gestalten vermochte.

Die Verbandsliga-Handballer der HSG Uni Rostock können folglich das abgelaufene Spieljahr als Inspirations- und Motivationsquelle nutzen, in der Sommerpause neu Kraft schöpfen und den Kader verstärken, um in der Saisonvorbereitung die physischen Voraussetzungen für eine hoffentlich erfolgreichere kommende Spielzeit zu legen. Die auszugebende Prämisse sollte demnach lauten: Eine solide Basis ist die beste Grundlage für ein stabiles Fundament.

## Die Zweite –
### Stabilität unter umgekehrten Vorzeichen

Erst in ihrem zweiten Jahr des Bestehens befindlich, avancierte die in der Bezirksliga des BHV Nord antretende Reserve der Uni-Handballer bereits zum HSG-Stabilitätsanker. Sowohl im Ligabetrieb als auch im Pokalwettbewerb gelang es, den Bronzeplatz der Premierensaison erneut zu belegen und somit zu bestätigen. Die Zahl der Saison war demnach offenkundig die drei, wenngleich mit verändertem Vorzeichen hinsichtlich der Verbandsliga-Riege der HSG. Mit den beiden Spitzenteams der Liga (SV Warnemünde IV und HC Empor Rostock IV) vermochten die HSGler zwar noch nicht ganz mitzuhalten, doch mit den restlichen Mannschaften befand sich die Uni-Reserve auf Augenhöhe. Insgesamt standen sechs Siegen ein Unentschieden und fünf Niederlagen gegenüber, von denen vier bezeichnenderweise aus Partien gegen die beiden Spitzenmannschaften resultierten.

Besonders hervorzuheben sind das Engagement und der Kampfgeist, welche die Studententruppe in dieser Saison an den Tag gelegt und gleich mehrfach unter Beweis gestellt hat, weil sie zusätzlich zu den ganz normalen Feld-, Wald- und Wiesenproblemen von Bezirksligamannschaften weitere Widrigkeiten zu meistern vermochte. Aufgrund eines personellen Engpasses inmitten der Spielzeit wurde es wegen der Abwesenheit von HSG-Stammkräften auf der Torwartposition erforderlich, Feldspieler in den Kasten zu schicken. Diese machten ihre Sache sehr gut, übertrafen die Erwartungen und stellten sich gänzlich in den Dienst der Mannschaft.

Die Zielstellungen für die kommende Saison liegen für die HSG-Reserve auf der Hand. Es geht weiterhin darum, mit viel Spaß, Freude und Engagement die HSG in der Bezirksliga zu vertreten, Neuzugänge zu integrieren und mit der Spielweise der Uni-Teams vertraut zu machen, Rekonvaleszenten sportliche Sicherheit zu vermitteln und wenn möglich den beiden großen Favoriten der Spielklasse etwas näher auf den Pelz zu rücken und sie bei Gelegenheit sogar ein wenig zu ärgern.

## Die HSGirls – Anbruch einer neuen Ära

Die Studentinnen gingen nach mehreren beschaulichen Jahren in der Bezirksliga vor der Saison das Risiko ein, von ihrem sportlich errungenen Aufstiegsrecht Gebrauch zu machen und erstmals in der zweithöchsten Landesspielklasse um Punkte und Tore zu kämpfen. Für den sportlichen und organisatorischen Mehraufwand wurden die HSGirls mittels einer fantastischen Premierensaison in der Verbandsliga belohnt, wobei sie in nicht unerheblichem Maße zu eben dieser selbst beitrugen.

In zwanzig Pflichtspielen gelang es, 17 Punkte zu erbeuten (acht Siege, ein Unentschieden, elf Niederlagen). Der Start in die Saison verlief passabel und im ersten Drittel konnte sich die HSG-Damenriege im oberen Tabellendrittel festsetzen. Aufgrund diverser Probleme, die den Uni-Handballern aus den vergangenen Jahren beileibe nicht unbekannt waren und welche bedauerlicherweise in Teilen nach wie vor hausgemacht sind, mussten die Rostockerinnen mit einer Schwächephase inmitten der Saison klarkommen, in welcher sechs Partien in Folge verloren gegeben werden mussten.

Dieser Gordische Knoten konnte letztendlich mit einem befreienden Auswärtssieg in Barth durchschlagen werden, womit zeitgleich ein sehr erfolgreiches letztes Saisondrittel begann. Schlussendlich gelang es den HSGirls, sich den siebten Platz zu erkämpfen und ihre erste Saison in der Verbandsliga im sicheren Mittfeld abzuschließen. Es gilt, die gezeigten Leistungen in den nächsten Jahren zu bestätigen. Demnach fällt es den Studentinnen zu, das Motto dieser Spielzeit im Zeichen der Fackel in die nächste Saison zu tragen und den Stabilisationsprozess auf der Landesebene im Frauenbereich erfolgreich einzuleiten.

## Saisonausklang

Im Anschluss an den Punktspielbetrieb ließen die Uni-Handballer das vergangene Spieljahr in gewohnt ruhiger und entspannter Verfahrensweise ausklingen. Im Mai machten sich HSG-Jungs und -Mädels nach Rügen auf, um am 22. Binzer Beachhandball-Pokal teilzunehmen. Dieses Turnier ist fest im Kalender der HSG verankert, weil die Partizipation an diesem kleinen Cup mit familiärem Flair und maritimem Ambiente dem studentischen Reisetross stets ein wundervolles Wochenende mit vielen tollen Erinnerungen garantiert. Mit einem sechsten Platz bei den Herren und einem siebten Platz bei den Damen konnte auch der Nachweis erbrachter Leistungen dokumentiert werden.

Eine Innovation stellte hingegen die Teilnahme der HSG am 6. Hansebeach der SG Seehausen alias

"Torpedo Tannenkrug" dar. Zum ersten Mal gastierten die Uni-Handballer in der Wischestadt und fühlten sich sofort wie zu Hause, was natürlich auch an der altmärkischen Vita dreier HSG-Akteure lag, die der Studententruppe in Seehausen eine Heimstatt inklusive sportlicher, kulinarischer und kultureller Aktivitäten boten. Das Halbfinale verpasste das Team der Universität Rostock zwar knapp, dafür gelang es, den fünften Platz souverän abzusichern.

Zuletzt nahmen die HSGler am 24. Mittsommernachtssportfest des Hochschulsports der Universität Rostock teil. Bei diesem anlässlich der Sommersonnenwende jährlich stattfindenden Sportfest diverser Sportarten demonstrierten die Studenten ihre handballerischen "Künste und Fähigkeiten" auf dem Rasen und boten darüber hinaus diese Version des Handballsports einem interessierten Publikum dar. Der Spaß stand hierbei absolut im Vordergrund. Wir sind im nächsten Jahr auf jeden Fall wieder mit von der Partie und gleichzeitig bereits jetzt gespannt, was sich das Team des Hochschulsports zum im kommenden Jahr anstehenden 25-jährigen Jubiläum dieses Traditionsturnieres einfallen lassen wird.

## Ausblick

Die Handballabteilung der HSG geht nunmehr in die neunte konsekutive Saison ihres Bestehens seit der Neugründung und entsendet wie schon in dieser Spielzeit erneut drei Mannschaften in Liga- und Pokalwettbewerbe. Die Studenten vertreten demnach sowohl auf der Landes- als auch auf der Bezirksebene die Farben ihrer Universität. Im Männerbereich werden HSG-Mannschaften sowohl in der Weststaffel der Verbandsliga des HVMV als auch in der Bezirksliga des BHV Nord antreten, die Frauen hingegen decken geografisch gesehen ein größeres Gebiet ab, weil sie gegen Mannschaften aus den beiden Landesteilen des Bindestrichbundeslandes Mecklenburg-Vorpommern spielen und in der Verbandsliga des HVMV um Punkte kämpfen werden. Die Handballabteilung der HSG Uni Rostock sieht der kommenden Saison mit Zuversicht entgegen. Wir freuen uns auf die sportlichen Duelle und hoffen darüber hinaus, eine studentische Prägung auf und neben der Platte garantieren zu können.

## HSG ruft den Blutspendesommer aus

Blut zu spenden hilft, Leben zu retten. So kurz und banal diese Aussage klingen mag, so unzweifelhaft richtig ist sie. Aus diesem Grund ist es für die Handballabteilung der HSG Uni Rostock eine Herzensangelegenheit, für die Blutspende zu werben. Darüber hinaus handelt es sich um einen kleinen Beitrag, den Einzelpersonen ohne großen Aufwand zu leisten in der Lage sind, die Leistungsfähigkeit des bundesdeutschen Gesundheitssystems zu sichern. Des Weiteren kann die Blutspende als gesamtgesellschaftliche Aufgabe in einer sozial organisierten und konstituierten Gesellschaft angesehen werden.

Vor dem Hintergrund des demografischen Wandels und der zunehmenden Alterung der deutschen Gesellschaft wird der Blutspende in Zukunft eine immer höhere Bedeutung zukommen. Blut kann seiner Komplexität wegen noch nicht künstlich erzeugt werden, demzufolge wird der Bedarf weiterhin auf natürlichem Wege gedeckt werden müssen. Bereits jetzt reichen die Kapazitäten kaum noch aus.

Lediglich drei Prozent der Deutschen spenden regelmäßig Blut, wobei über ein Drittel es tun könnte. Schätzungen zufolge sind aber etwa 80 Prozent der Bundesbürger in ihrem Leben mindestens einmal auf eine Blutkonserve angewiesen. Eine Verdoppelung der Dauerspenderrate wäre jedoch vonnöten, um eine permanente Absicherung zu gewährleisten. An der Universitätsklinik Rostock werden jährlich etwa 15.000 Erythrozytenkonzentrate eingesetzt, von denen laut der Blutspende der Universitätsmedizin Rostock jedoch nur ein kleiner Teil mittels eigener Spender abgedeckt werden kann. Aus diesem Grund freuen sich die Mitarbeiter des Blutspendedienstes über jeden Spender, egal welche Blutgruppe oder welchen Rhesusfaktor er hat.

Da die Uni-Handballer seit der vergangenen Saison mit dem Logo des Blutspendedienstes der Universitätsmedizin auf dem Trikot auflaufen dürfen und somit aktiv für diese Einrichtung werben, ist nun an dieser Stelle Euer Einsatz gefordert. Die HSG möchte diese Einrichtung aus voller Überzeugung für die gute Sache unterstützen und ruft deswegen den "Blutspendesommer" aus. Hierbei greifen die Studenten auf eine bereits bewährte Maßnahme zurück, denn just vor Jahresfrist riefen die Uni-Handballer unter besonderem Einsatz von Peter Wallbaum, systematischer Koordination von Stephan Klein und weitsichtiger Leitung von Frank Fehringer zu einem Blutspendemonat auf. In diesem Jahr möchte die Handballabteilung der HSG den Zeitraum noch ausweiten, um mehr potenzielle Spender zu erreichen und ihnen gleichzeitig größere Flexibilität bei der Terminwahl zu ermöglichen. Deswegen haben wir uns nun für eine ganze Jahreszeit entschieden – den Sommer.

Also Leute, nach einer langen Einleitung die kurze Quintessenz. Bitte spendet Blut! Hierfür bietet sich in der Universitäts- und Hansestadt Rostock natürlich primär die Blutspendeeinrichtung der Universitätsmedizin Rostock an. Eure Gesundheit steht im Vordergrund, es nimmt nur wenig Zeit in Anspruch, es tut nicht weh, Ihr helft direkt anderen Menschen, Ihr werdet kompetent von Experten betreut, Ihr kriegt als Dankeschön ein Fresspaket und auch noch einen kleinen Obolus. Was wollt Ihr mehr? Kommt vorbei, bringt Freunde mit, thematisiert die Blutspende bei Freunden, Bekannten und Verwandten, teilt diesen Aufruf oder werdet in dieser Hinsicht so kreativ, wie Ihr es nur sein könnt. Die Universitätsmedizin, die

Handballabteilung der HSG, aber vor allem die Empfänger einer Blutkonserve werden es Euch danken.

## Reformation trifft Restauration

Kurz vor Saisonbeginn meldet sich die HSG Uni Rostock zurück, schließlich blicken auch unsere Mannschaften selbstverständlich schon mit Vorfreude auf ein neues Spieljahr voller sportlicher Herausforderungen. Wie auch zuletzt schickt die Handballabteilung der HSG drei Mannschaften in den geregelten Spielbetrieb. Die HSGirls treten in der Verbandsliga des Handballverband Mecklenburg/Vorpommern an, ebenso wird die erste HSG-Männermannschaft dort Spiele absolvieren und in der Bezirksliga des BHV Nord steht die zweite Mannschaft der Uni-Handballer im sportlichen Wettbewerb mit ihren Kontrahenten.

Nach ihrer gelungenen Premierensaison in der zweithöchsten Spielklasse des nordöstlichsten Bundeslandes steht den Studentinnen nun die schwere Aufgabe ins Haus, die gezeigten Leistungen zu bestätigen und sich in dieser Spielklasse zu etablieren. Angesichts einer sowohl qualitativ als auch quantitativ aufgestockten Verbandsliga ist dies ein ambitioniertes Unterfangen, weil zwei Mannschaften, welche zuletzt noch in der MV-Liga im Einsatz waren (Mecklenburger SV und SSV Einheit Teterow), hinzugestoßen sind, wohingegen die zweite Mannschaft des Rostocker Handball Clubs ihr sportlich erworbenes Aufstiegsrecht in Anspruch genommen hat. Mit den mindestens anstehenden 23 Pflichtspielen (22 Ligapartien und ein Duell im Landespokal) werden die HSGirls schlichtweg das Uni-Team im Dauereinsatz sein, weswegen ein langer Atem zwingend erforderlich sein wird. Wir hoffen, dass die Luft reicht.

Die Verbandsliga-Mannen treten erneut in der Weststaffel der Verbandsliga des HVMV an. Das Gesicht der Liga hat sich im Vergleich mit der Vorsaison lediglich marginal verändert. Der SV Matzlow-Garwitz bereichert in dieser Saison die Liga, der Sternberger HV hat bedauerlicherweise nach nur einer Spielzeit seine Mannschaft aus der Verbandsliga wieder zurückgezogen. Darüber hinaus gab es in der Sommerpause einen organisatorischen GAU. Der SV Motor Barth sah sich gezwungen, seine bereits für die Verbandsliga gemeldete Mannschaft vom Spielbetrieb wieder abzumelden. Dies ist sehr schade, zumal sich die Uni-Handballer in den letzten Jahren gleich mehrfach mit den Sportsfreunden aus der Vinetastadt auf der Platte duellieren durften. Aufgrund dessen schrumpfte die ohnehin schon dünner besetzte Oststaffel auf lediglich acht Mannschaften. Obgleich der Staffelleiter noch versuchte, die Staffeln gleichmäßig mit Teams zu besetzen, gelang dies wegen der weit fortgeschrittenen Planungen bezüglich der Hallenzeiten leider nicht. Just während des Abfassens dieser Zeilen erreichte diesbezüglich eine weitere Hiobsbotschaft die HSG, da nun auch noch der HSV Insel Usedom seine zweite Mannschaft aus der Verbandsliga zurückgezogen hat. Somit gehen in der Saison 2017-18 zehn Mannschaften in der West- und lediglich sieben Mannschaften in der Oststaffel an den Start.

Unsere in der Bezirksliga des Bezirkshandballverbands Rostock/M-V Nord spielende Reserve befindet sich hingegen in ruhigen Gewässern, was die Staffelbesetzung anbelangt. Allerdings ist erfreulicherweise zu vermelden, dass zu dem kleinen Häufchen von Klubs aus der Hansestadt und Rostocker Umlandvereinen ein neuer hinzugekommen ist. Nach mehreren Jahren handballerischer Abstinenz entsendet der Laager SV 03 wieder eine Männermannschaft in den Spielbetrieb auf der Bezirksebene. Somit kämpfen seit geraumer Zeit erstmals wieder acht Teams um die Krone in der Bezirksliga Nord, was aus breitensportlicher Sicht als erquickliche Entwicklung angesehen werden kann.

Die Studentenmannschaften der Universität Rostock freuen sich auf die neue Saison, denn seien wir doch ehrlich, wenigstens gegen Ende der Sommerpause erachtet jeder Handballer und jeder Handballfan die spielfreie Zeit als viel zu lang. Demzufolge sind auch die Uni-Handballer begeistert, dass der Saisonstart jetzt endlich ins Haus steht und wir alle der besten Sportart der Welt wieder huldigen und frönen dürfen und können.

Um im Reformationsjahr 2017 (500 Jahre nach dem Anschlag der 95 Thesen an die Tore der Schlosskirche zu Wittenberg), welches auch durch die Hansestadt Rostock gefeiert und begangen wird, Martin Luther gerecht zu werden, schließt die Handballabteilung mit einem Zitat des Reformators höchst selbst: "Anstrengungen machen gesund und stark!"

## DHM Handball 2017/18 – Frauen und Männer – Vechta, Bielefeld, 20.12.2017

Am 20. Dezember brachen um 09:30 Uhr sowohl die Damen- als auch die Herrenmannschaft vom zentralen Sammelpunkt, dem Hauptbahnhof, auf, um an den jeweiligen Vorrunden der Deutschen Hochschulmeisterschaften im Handball des Jahres 2017 in Vechta und Bielefeld teilzunehmen. Insgesamt entsandte die Universität Rostock 24 Sportler und zwei Betreuer zu den Wettkämpfen, um deren Alma Mater durch sie auf und neben der Platte vertreten zu lassen. In zwei Kleintransportern und drei Autos traten die Uni-Handballer die langen Tagesreisen an.

In Vechta sahen sich die Frauen den Mannschaften der Universität Paderborn und der gastgebenden Universität Vechta gegenüber. Trotz der noch in den Knochen steckenden langen Anreise lieferten die Damen den Paderbornerinnen einen großen Kampf und mussten sich schlussendlich nach ausgeglichenen 30 Minuten denkbar knapp mit 16:17 geschlagen geben.

Ihr zweites Spiel bestritten die Rostockerinnen gegen die Vechtaer Damenriege. Diese war den Hanse-städterinnen deutlich überlegen und obsiegte mit 22:10. Somit belegten die Uni-Handballerinnen in ihrer Vorrundengruppe den dritten Platz. Siegreich aus dieser Vorrunde ging die WG Hamburg hervor, welche sich somit auch einen Platz bei der Endrunde der Deutschen Hochschulmeisterschaften erspielte.

Für die Universität Rostock traten an: Samira Al O-mari, Anne Becher, Nadine Berger (TW), Tabita Breitsprecher, Saskia Engel, Lena Hille, Jessica Holz, Pauline Kissing, Christina Magritz, Anne Müni-ckel, Josephine Nau (TW), Marie Nawrot, Theresa Ott, Julia Teich, Inga Thomas
MV-A: Laura Schön

---

Die Männer führte die fünfstündige Anreise nach Ostwestfalen an den Rand des Teutoburger Waldes, genauer gesagt in die Seidenstickerstadt Bielefeld. Aufgrund verschiedener Absagen im Vorfeld dieses Turnier bestand die Vorrundengruppe der Rostocker leider nur noch aus zwei Mannschaften. Dement-sprechend warfen die Nordostdeutschen alles was sie aufzubieten hatten in das Spiel gegen das Team der TU Berlin. Zur Halbzeit blieben die Hansestädter noch auf Tuchfühlung (7:9), doch nach der Pause gelang es den Hauptstädtern, sich sukzessive abzusetzen. In den letzten fünf Minuten riskierten die Uni-Handballer alles und öffneten die Abwehr, was die cleveren und flinken Berliner auszunutzen wussten. So endete das Spiel, welches souverän durch die sehr guten Schiedsrichter geleitet wurde, mit einer etwas zu hoch ausgefallenen 13:20-Niederlage. Im Finale unterlag die TU Berlin dann der nachträglich gemeldeten WG Köln, die somit zur Endrunde der Deutschen Hochschulmeisterschaften im Handball fahren darf.

Für die Universität Rostock traten an: Frank Fehringer, Marcus Helwing (TW), Gregor Menzel, Felix Meyer, Florian Morawetz, Karsten Scherf, Sebastian, Schmidt, Björn Spittau, Peter Wallbaum
MV-A: Thomas Rücker


Trotz der drei Niederlagen haben die Uni-Handballer einen unvergesslichen Tag erleben dürfen. Das Spielen, der Spaß, die Reise, die Freundschaften

und die Ehre, die eigene Universität bei einem über-
regionalen Wettkampf vertreten zu dürfen, standen
dabei expressis verbis im Vordergrund. Deswegen
bedanken sich die Uni-Handballer ausdrücklich bei
den jeweiligen Ausrichtern, bei der Universität
Rostock und insbesondere beim Hochschulsport der
Uni Rostock, der den Sportlern dieses fantastische
Erlebnis ermöglicht hat. Wir hoffen auf eine Wieder-
holung im nächsten Jahr.

Teilnehmer eines Uni-Sport-Kurses, Hochschulsport, Rostock, 2008

Mitglieder der Gründungsmannschaft, irgendwo im Bahnhofsviertel, Rostock, 2009

Uni-Handballer beim Bezirkspokalturnier, Rostock, 2009

HSG-Gruppenfoto, Rostock, 2013

Derbysieg, Rostock, 2013

Euphorie auf der Tribüne im Gerüstbauerring, Rostock, 2013

HSGörls und HSGay, Seebrücke, Binz, 2014

HSG-Zeltlager, Binz, 2014

Spielfelder unter dem Kurhaus, Binz, 2014

Kontaktsport Beachhandball, Binz, 2014

Kaiserwetter, Binz, 2014

Saisonausklang am Stadthafen, Rostock, 2016

Zwei Granden der Uni-Handballer (Frank Fehringer und Peter Wallbaum), Rostock, 2015

Kabinenselfie der zweiten Mannschaft, Rostock, 2016

Familienfoto der Uni-Handballer, Erste, Mädels und Zweite, Rostock, 2016

Blutspendesommer,Blutspendedienst der Uni-Medizin, KTV, Rostock, 2017

HSG-Bezirkspokalsieg – Rostock, 2018
unten Pokal und Urkunde, rechts Pokal und Bier

Trainer, stellv. Abteilungsleiter, Abteilungsleiter und Marketingchef der HSG-Handballer, Rostock, 2018

Finales Foto des Bezirkspokalturniers, Rostock, 2018

Vorrunde der DHM, Frauenmannschaft der Universität Rostock, Vechta, 2017

Vorrunde der DHM, Männermannschaft der Universität Rostock, Bielefeld, 2017

Sonne, Sand und Siegerehrung, Binz, 2018

Ein langer Weg, ein langer Tag, Binz, 2018

25. Mittsommernachtssportfest des HSP der Universität Rostock, Rostock, 2018

Inoffizieller Teil des Sportfestes, Flunkeyball mit HSG-Beteiligung, Rostock, 2018

Vorrunde der DHM, Frauenmannschaft der Universität Rostock, Hamburg, 2019

Die Uni-Handballerinnen waren natürlich mit von der Partie, Hamburg, 2019

Frühmorgendliche Begrüßung, Berlin, 2020

HSGler mischten erneut aktiv mit, Berlin, 2020

Mögen die Spiele beginnen, Hamburg, 2020

Vorrunde der DHM, Männermannschaft der Universität Rostock, Berlin, 2020

Zehn-Jahres-Feier der Handballabteilung – HSG-Familienfoto, Stadthafen, Rostock, 2019

HSGler in Feierlaune, Stadthafen, Rostock, 2019

Erst spielen, dann feiern, Sporthalle über dem M.A.U., Rostock, 2019

Teilnehmer des HSG-All(t)-Star-Games, Sporthalle über dem M.A.U, Rostock, 2019

Uni-Handballer als Wegweiser? – Wohin mag die Reise führen?, Rostock, 2019

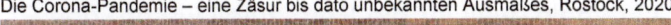

Die zweite Männermannschaft nach einem ihrer (vorerst) letzten Auftritte, Rostock, 2019

Die Corona-Pandemie – eine Zäsur bis dato unbekannten Ausmaßes, Rostock, 2020

## Erster Männertitel der jüngeren
## Abteilungsgeschichte

Schlussendlich lagen sich nach einem langen, erlebnisreichen, anstrengenden, aufregenden, fairen und freundschaftlichen Handballtag in der Halle am Gerüstbauerring die Uni-Handballer in den Armen. Am frühen Sonntagmorgen, etwa neun Stunden zuvor, schien der Tag nicht ganz so verheißungsvoll auszusehen, wie er sich im Verlauf der folgenden Stunden darstellen sollte. Die Studententruppe musste sich früh sammeln, weil ihr die Ehre zuteil wurde, das Eröffnungsspiel bestreiten zu dürfen. Darüber hinaus mussten sich die Uni-Handballer selbst organisieren, weil sie an diesem sonnigen Apriltag auf ihre größte Stütze, das Trainergespann Wunderlich/Radelhof, verzichten mussten, dessen Mitglieder diverser privater Gründe wegen bedauerlicherweise unpässlich waren.

In die Bresche sprang uneigennützig Björn Spittau, der mit seiner ruhigen Art und dem ihm zur Verfügung stehenden großen handballerischen Erfahrungsschatz den HSGlern von der Bank aus strategisch den Rücken freihielt. Einen Überraschungscoup hatten die HSG-Verantwortlichen noch zusätzlich parat, indem sie den seit längerem aus Rostock verzogenen Nico Hentschel, ein Uni-Urgestein, für ein unverhofftes Comeback begeistern konnten. Als endlich, nach und nach, alle spielberechtigten und -willigen Uni-Handballer eingetroffen waren, oblag es Interimstrainer Spittau als erstes, in konstruktiver Erörterung mit dem Mannschaftsrat, die Aufstellung auszuarbeiten.

SV Warnemünde V – HSG Uni Rostock II 16:25
(10:12)

Als diese endlich gefunden und auch die Aufwärmphase erfolgreich absolviert worden war, sah sich die HSG-Reserve der "Wundertüte" des Turniers gegenüber. Im morgendlichen Derby gegen die rot-weißen Teepottstädter des SV Warnemünde wussten die Studenten nicht so recht, woran sie waren. Nominell sollten sie die Klingen mit der fünften Vertretung des SVW kreuzen, doch diese weilte an diesem Wochenende zu großen Teilen bei einem Traditionsturnier in Berlin und anschließend im Fuchsbau, sofern die Agenten und Spione der HSG verlässliche Informationen weitergeleitet hatten. In einer Art "Call for Players" sammelte der Stadtrivale in der Vorwoche alle ihm zur Verfügung stehenden Spieler, um eine schlagkräftige Truppe auf die Platte zu bringen.

Dies war den Warnemündern gelungen, wenngleich die HSG-Scouts den SV Warnemünde bisher noch nie in dieser Formation gesehen hatten. Es entwickelte sich ein munterer Schlagabtausch, in welchem keine der beiden Mannschaften sich in der ersten Hälfte abzusetzen vermochte. Mit einer knappen Zwei-Tore-Führung aus HSG-Sicht wurden nach 20 Minuten die Seiten gewechselt. Im zweiten Durchgang gelang es der HSG, die Abwehr zu stabilisieren. Uni-Veteran Ole Kumpe organisierte den Mittelblock neu, wodurch es gelang, die Trefferzahl des Gegners in den zweiten zwanzig Minuten zu halbieren. Gleichzeitig konnten die Studenten den Druck im Angriff aufrecht erhalten. Dirigiert von einem umsichtig Regie führenden Steffen Schollbach (sechs Tore) fuhren die Uni-Handballer einen letztlich ungefährdeten, vermutlich jedoch etwas zu hoch ausgefallenen, 16:25-Erfolg ein. Der Anfang war gemacht.

In ihrer ersten Pause schauten die interessierten HSGler den Spielern des Laager SV 03 zu, die in einem Parforceritt den haushohen Turnierfavoriten, Serienpokalsieger und aktuellen Bezirksmeister HC Empor Rostock überrollten und für die erste Sensation des Tages sorgten. Dieser Vorgang schien die Studententruppe jedoch unter einen gewissen Erfolgsdruck zu setzen, zeigte doch der HCE auf Bezirksebene seit Jahren erstmals eine Schwäche.

## HSG Uni Rostock II – HC Empor Rostock IV 18:16 (7:9)

Dementsprechend angespannt starteten die HSGler in die Partie und mussten fast von Beginn an einem kleinen Rückstand hinterherlaufen, der aufgrund eigener Unzulässigkeiten, insbesondere im fehlerbehafteten Angriffsspiel, bis zum Pausenpfiff nicht getilgt werden konnte. Nicht unterschlagen werden darf an dieser Stelle auch die starke Turnierleistung des gewohnt souveränen Empor-Keepers Bernd Brümmer, der die gegnerischen Werfer reihenweise verzweifeln ließ und auch gegen die Uni-Handballer sein Können, aus HSG-Sicht allzu oft, aufblitzen ließ.

Allerdings hielt Nils Quakernack an diesem Tag seinen Vorderleuten mit sensationellen Paraden ebenfalls den Rücken frei, was eben diese in die komfortable Lage versetzte, selbst in mehrmaliger Unterzahl wieder ausgleichen zu können. In den letzten fünfzehn Minuten der Partie entspann sich ein Kampf um jeden Ball, den die Studenten bravourös annahmen. Mittels eines Kraftakts mannschaftlicher Geschlossenheit gelang es ihnen, die routinierte Empor-Sieben niederzuhalten und den zweiten Sieg im zweiten Spiel einzufahren.

Wer nun der Annahme verfallen war, dass es zu einem klassischen Finale im letzten Spiel kommen sollte, sah sich jedoch getäuscht. Nach dem bärenstarken und bereits erwähnten Auftritt der Sportfreunde des Laager SV 03 im ersten Spiel und ob des eigenen Sieges im Eröffnungsspiel des Tages wären viele HSGler bereit gewesen, im Vorfeld ihr Geld auf die Randrostocker im Duell mit dem SV Warnemünde zu setzen. Hätten sie diese Dummheit begangen, wären sie von den Teepottstädtern gnadenlos bestraft worden. Der SVW dominierte diese Partie völlig. Die Warnemünder fuhren ihren ersten Sieg ein und machten die Uni-Handballer somit zeitgleich zum einzig verbleibenden Team mit weißer Weste in diesem Bezirkspokalturnier.

Die Ausgangslage war somit, auch ohne auf Adam Riese hören zu müssen, völlig klar. Mit einem Sieg oder auch nur einem Remis in der abschließenden Partie gegen den Laager SV 03 konnte dieses HSG-Team zur ersten Männermannschaft der Uni-Handballer seit der Neugründung der Abteilung avancieren, welche einen Titel zum Ulmencampus holt. Der (selbst- und hausgemachte) Druck stieg.

HSG Uni Rostock II – Laager SV 03 16:14 (8:6)

Die Handballer des Laager SV 03, welche eine tolle Premierensaison, nach langjähriger Abstinenz, in der Bezirksliga mit einem sehr guten vierten Platz abge-schlossen haben, gingen angeschlagen in das letzte Turnierspiel. Mit einem relativ dünnen Kader ange-reist, mussten sie Ausfälle und Blessuren kompen-sieren, was ihnen bis dato durchaus gelungen war. Die Uni-Handballer hingegen, die für dieses Bezirks-pokalturnier im Vorfeld alle zur Verfügung stehenden Kräfte mobilisiert hatten, waren hinsichtlich der für sie ungewohnten Titelchance nervös. Die ersten Minuten wurden fahrig heruntergespielt. Wenngleich eine knappe Führung herausgeworfen werden konnte, blieben die tapferen Randrostocker stets auf Tuchfühlung. Beim Stand von 8:6 für die HSG wurden die Seiten gewechselt.

Nach Wiederanpfiff legten die HSGler einen Horrorstart hin, welcher die Pausenführung binnen fünf Minuten in einen 9:11-Rückstand konvertieren ließ. Mit dem Rücken zur Wand und dem möglichen Turniersieg auf dem Spiel stehend, mobilisierte die Studententruppe die letzten Kraftreserven. Wenngleich der Kontrahent aus Laage alles in die Waagschale warf, insbesondere mittels eines effizienten Kreisläuferspiels, gelang es den Uni-Handballern, Kontrolle über das Spiel zu erlangen. Obwohl die Eigenfehlerquote bis zum Ende nicht in hinreichendem Maße gesenkt werden konnte, erkämpfte sich die Uni-Reserve die Führung gegen den LSV zurück und brachte auch dieses nervenaufreibende Spiel letztendlich nach Hause.

Nachdem Lennart Sixta den finalen Treffer des Turniers erzielt und somit den Pokalsieg der Uni-

Handballer besiegelt hatte, ertönte der Schlusspfiff. Unbändige Freude brach sich auf der Uni-Bank Bahn und visualisierte sich sehr schnell durch die vor Freude strahlenden Gesichter, Umarmungen, Freudentänze und den Sturm der Platte. Diese Ekstase muss unter der Prämisse eingeordnet werden, als dass es der erste Titel seit der Neugründung der Handballabteilung vor neun Jahren war, den die Männer gewinnen konnten. Demnach steht es nunmehr lediglich noch 3:1 für die HSGirls.

Zu guter Letzt möchten sich die Uni-Handballer bei den Schiedsrichtern bedanken, die das Turnier hervorragend geleitet und durchgängig in allen Spielen eine sehr gute Leistung abgeliefert haben. Wir ziehen den Hut. Außerdem müssen an dieser Stelle auch noch der BHV Nord und das Organisationsteam des SV Warnemünde genannt werden, die ein tolles Turnier ausgerichtet haben. Die Halle am Gerüstbauerring war bestens instand gesetzt und bot einen würdigen Rahmen für diesen schönen Handballtag, wenngleich nach unserem Geschmack im nächsten Jahr durchaus noch mehr Zuschauer den Weg in die Halle finden könnten. Auch möchten wir uns bei unseren Gegnern, den jeweiligen Teams des SV

Warnemünde, des HC Empor Rostock und des Laager SV 03 bedanken, die den Uni-Handballern an diesem Tag sportlich alles abverlangten, zu fantastischen Spielen beitrugen und die sportliche Fairness hoch hielten.

Wir freuens uns schon aufs nächste Jahr.

Für die HSG Uni Rostock an diesem Tag aktiv waren (Spiele/Tore): Helwing (3/TW), Quakernack (3/TW), Fehringer (3/9), Hentschel (3/4), Jäschke (1/1), S. Klein (1/1), T. Klein (2/2), Kumpe (3/7), Müller (3/1), Reif (2/2), Scherf (3/2), Schmidt (3/5), Schollbach (3/13), Schröder (3/7), Sixta (3/5), Wallbaum (1/-)
MV-A: Björn Spittau

## Binz ist immer eine Reise wert

Unter diesem Motto stand die Exkursion der Uni-Handballer am vergangenen Wochenende, welche sie auf die größte deutsche Insel führte. Bereits am Freitag reiste ein Großteil des HSG-Trosses an. Dieser begab sich zum Zeltplatz und errichtete sich dort eine Heimstatt für die kommenden Tage. Beste Bedingungen bot hierfür die Jugendherberge Prora, zu welcher die Rostocker Handballer stets gerne zurückkehren. Nach Aufbau, Wochenendeinkauf und Grillen ließen die HSGler den Abend bei gemütlicher Lagerfeueratmosphäre vor der Szenerie der ehemaligen KdF-Bauten in Schlagdistanz zum Strand gemütlich und angeheitert ausklingen.

Am nächsten Morgen ging es bei strahlendem Sonnenschein bereits früh zum Austragungsort des Turniers am Binzer Strand. Einige Uni-Handballer nahmen den Bus, andere entschieden sich für einen gemütlichen, jedoch auch fünf Kilometer langen, Spaziergang am Strand vor fantastischer, maritimer und malerischer Kulisse.

Das Turnier verlief für die beiden HSG-Teams unterschiedlich. Die Männer spielten im Modus Jeder-gegen-Jeden gegen fünf andere Mannschaften. Nach Startschwierigkeiten und einigen Verlustpartien konnten die Studenten den Bock umstoßen und am Ende den vierten Platz belegen. Den Beach Dinos Berlin gelang es, nach diversen Anläufen, endlich und völlig verdient den Pokal zu erringen.

Die Frauen waren in zwei Staffeln eingeteilt, in welchen die Halbfinalisten ermittelt wurden. Die Uni-Handballerinnen konnten jedes ihrer drei Vorrundenspiele für sich entscheiden, allerdings jeweils erst im Penalty-Werfen. Um in der Übung zu bleiben, musste auch das Halbfinale auf diesem Wege entschieden werden.

Auch aus diesem gingen die HSGörls siegreich hervor, konnten sie doch das Team der Warnemöwen in einem Herzschlaghalbfinale knapp bezwingen. Wo Marie die Nervenstärke im Penalty-Werfen hernahm, ist uns nach wie vor völlig schleierhaft. Im Finale trafen die HSGlerinnen auf den Abonnement-Sieger Rostocker Beach Club. Wenngleich dieser Gegner in der Vorrunde noch bezwungen werden konnte, mussten sich die Studentinnen im Finale klar geschlagen geben. Der Turniersieg ging völlig verdient an die Damen des RBC.

Das Turnier war wie immer sehr schön und eindrucksvoll. Die Uni-Handballer möchten sich an dieser Stelle sowohl bei den Ausrichtern, als auch bei den anderen Teams für die freudige, freundschaftliche, faire und sportliche Atmosphäre bedanken. Es war, nach unserem Dafürhalten, ein tolles Wochenende. Gegner der HSGay waren die Beach Dinos Berlin (I und II, SG FES), die Schwankenden Orlapalmen (HSG Oppurg/Krölpa, Thüringen), das BeachTeam Rostock und die Kutternutten (Rostock). Die HSGörls hatten es mit dem Rostocker Beach Club e.V., dem SV Eintrinken (SV Eintracht Rostock), den Warnemöwen (Warnemünde/Rostock), den Maikäfern (Rostock), ImPoSand (SV Eintracht Rostock II) den Beach Dinos Berlin (SG FES) und dem Team 1-Anett (Berliner TSC – Handball II) zu tun. Ein besonder Dank gilt aus HSG-Sicht den 1. Damen der HSG Tills Löwen 08 für die temporäre Leihgabe der Herrmann-Schwestern. Sie waren Gold wert und sind bei uns stets willkommen.

Im Anschluss kam es noch zu einer, aus unserer Sicht, rührenden Szene. Die HSGörls verabschiedeten im heißen Sand des Ostseebades Binz zwei äußerst verdienstvolle Spielerinnen. Pauli zieht es nach erfolgreichem Abschluss ihres Studiums der Liebe wegen in den Süden. Wenn wir ihren Freund nicht mögen würden, hätten wir interveniert und alles versucht, dies zu verhindern. Marie ist, ebenfalls nach ihrem Abschluss, Rostock zu klein geworden. Die neugierige Weltenbummlerin möchte ihre Ausbildung in einer Metropole fortsetzen. Da können wir leider auch nichts machen. In jedem Fall wünschen wir den beiden tollen Frauen ganz viel Glück, Erfolg, Freude und Spaß. Wir haben Euch lieb, bleiben mit Euch in Kontakt und hoffen, dass Ihr noch ganz oft nach Rostock zurückkehrt und dass Ihr Euch dann auch bei Gelegenheit bei der HSG blicken lasst.

Die beiden errungenen Pokale haben wir behutsam mit nach Hause genommen und werden sie in Ehren halten. Darüber hinaus freuen wir uns schon auf die nächste Auflage des Turniers im kommenden Jahr. Wie wir zu unserer Freude erfahren durften, hat Steini ja bereits das Versprechen abgegeben, die nächsten zwanzig Jahre noch zu ermöglichen. Diese Gewissheit zu haben, reicht uns völlig.

Mehr bleibt nicht zu sagen. Es war intensiv, emotional, sportlich und einfach nur fantastisch!

## 25. Mittsommernachtssportfest des Hochschulsports der Universität Rostock

Bei strahlendem Sonnenschein trugen die Handballer am vergangenen Mittwoch, den 20. Juni 2018, ihr Scherflein zum Gelingen dieser Jubiläumsauflage des Sportfestes teil. Während die Fußballer auf "roter Erde" und die Volleyballer auf Sand ihre jeweiligen Runden ausspielten, führten die Handballer unter Regie von HSP-Kursleiter Peter Wallbaum ihr eigenes Turnier, etwas oberhalb der anderen Anlagen, durch. Die Universitätssportanlage "Am Waldessaum" war von den Organisatoren wie immer bereits vorbildlich präpariert worden, sodass die Aktiven beste Bedingungen zur Durchführung des Wettkampfes vorfanden, obwohl die Teilnahme entgeltfrei angeboten wurde.

In lockerer und heiterer Atmosphäre fanden sich die Handballer ein, über die Mannschaftszugehörigkeit entschied, wie schon im antiken Griechenland, das Los. Wettertechnisch war den Akteuren in diesem Jahr Glück beschieden, einzig und allein über den einen oder anderen Sonnenbrand dürfte im Nachgang geklagt worden sein. Die Spiele hatten allesamt sportlich-freundschaftlichen Charakter und nach vier Stunden gelang es, anhand der Ergebnisse einen Gewinner zu ermitteln. Bei der abschließenden Siegerehrung konnten die Sportler dann die vom Hochschulsport bereitgestellten und redlich verdienten Preise entgegennehmen. Lediglich hinsichtlich der Kreativität bei der Namensgebung drängen sich kritische Nachfragen geradezu auf. So siegte Team II vor Team III und Team I. Leider mussten wir auch zwei verletzungsbedingte Ausfälle beklagen. Gute Besserung und schnelle Genesung wünschen wir Jule und Melvin. Wir hoffen, dass es glimpflich ausgegangen ist und wünschen uns, bald wieder mit Euch auf Torejagd gehen zu können. Vielen Dank gebührt auch Herrn Dr. Ulf Reder und allen weiteren fleißigen Helfern des Hochschulsportteams der altehrwürdigen Universität Rostock. Ohne deren Arbeit und Engagement hätte das Mittsommernachtssportfest mitnichten diesen charmanten und familiären Charakter. Wir hatten viel Spaß und einen wundervollen Tag; die Bilder stellen es unter Beweis. Im nächsten Jahr sind wir wieder dabei – keine Frage!

## Die Saison 2017-18 der Uni-Handballer

Nachdem das Vorjahr unter dem Motto der Stabilisation einzusortieren war, ging es in dieser Spielzeit aus Sicht der Abteilungsleitung darum, einen erfolgreichen Konsolidierungsprozess einzuleiten, um bisher Erreichtes zu bewahren und nicht zu schnell die eigenen Kapazitätsgrenzen zu erfahren oder gar zu überdehnen. Wenngleich die Saisons für die drei im organisierten Wettkampfbetrieb befindlichen HSG-Teams unterschiedlich verliefen, kann der Beginn des Konsolidierungsprozesses durchaus als gelungen erachtet werden, zeigten die Uni-Handballer doch sowohl auf Landes- als auch auf Bezirksebene Flagge.

Die Frauen gingen in ihre zweite Saison in der Verbandsliga des Handballverband Mecklenburg-Vorpommern. Wie schon bei ihrem Debüt begeisterten die HSGirls zuweilen die Zuschauer mit ihrer frechen, dynamischen und attraktiven Spielweise. Neben fantastischen (teils gänzlich unerwarteten) Erfolgen mussten allerdings auch herbe Niederlagen verkraftet werden. Schlussendlich sicherten sich die HSGlerinnen einen soliden Mittelfeldplatz und konnten darüber hinaus auch ein positives Punktekonto ausweisen.

Die Männer traten erneut, so wie in den letzten Jahren, in der Weststaffel der Verbandsliga an. Hier sahen sie sich starker Konkurrenz gegenüber, weswegen die handballerischen Duelle oft reiz- und anspruchsvoll waren, Siege jedoch lediglich selten eingefahren werden konnten. Trotz eines guten Starts und einiger Erfolgserlebnisse inmitten der Spielzeit reichte es am Ende lediglich zu Platz neun. Durch die quantitativ unterschiedlichen Staffelstärken verpassten die Uni-Handballer leider auch die Qualifikation für die Überkreuzspiele mit dem Gleichplatzierten der Oststaffel (den es nicht gab).

Die Reserve der Verbandsligamänner spielte eine erfolgreiche Runde in der Bezirksliga des Bezirkshandballverband Rostock/M-V Nord und errang zum dritten Mal infolge und zeit ihres Bestehens den Bronzeplatz. Wenngleich mit etwas mehr Konzentration und Disziplin gar eine weitere Treppchenstufe zu nehmen gewesen wäre, sorgten die Uni-Handballer beim Bezirkspokalturnier im April für einen Pauken-schlag. Der Gewinn des Bezirkspokals bildete den krönenden Abschluss der HSG-Handballsaison 2017-18.

## Die Frauen

Im zweiten Jahr ihrer Verbandsligazugehörigkeit spielten die Uni-Handballerinnen eine gute Runde mit den HSG-typischen Ecken und Kanten. So de-monstrierten die HSGirls Kontinuität, verloren sie doch sogleich ihr erstes Heimspiel gegen den späte-ren abgeschlagenen Absteiger Mecklenburger SV.

Danach hatten sie sich jedoch gefunden und lieferten über die gesamte Saison mitreißende Spiele. Am Ende standen elf Siegen zwei Remis und neun Ver-lustpartien gegenüber. Wenngleich die Tordifferenz schlussendlich ein negatives Vorzeichen haben soll-te, konnten die Rostockerinnen insgesamt 24 Punkte einfahren; sieben Punkte mehr als in der Vorsaison (bei zwei zusätzlichen Ligapartien).

Tollen Spielen gegen starke Gegner (SSV Einheit Teterow, Bad Doberaner SV '90, SV Eintracht Rostock und VfL Blau-Weiß Neukloster) folgten hin und wieder herbe Niederlagen (Ribnitzer HV, SV Motor Barth, VfL Blau-Weiß Neukloster und SG Uni Greifswald/Loitz). Leider war im Landespokal, wie im letzten Jahr, die erste Hürde gleich zu hoch. In der anstehenden Saison sorgt ein Freilos zunächst für das Weiterkommen. Im Anschluss müssen die HSGirls dann auswärts, entweder in Schwaan oder Vellahn, antreten. Zwei Highlights dürfen aber an dieser Stelle nicht unerwähnt bleiben.

Die Auswärtsfahrt im Februar in die Peenetalhalle nach Loitz war für die ganze Handballabteilung der HSG Uni Rostock sensationell. Am Tag nach der (etwas verspäteten und feucht-fröhlichen) Weihnachtsfeier reisten die Frauen nach Vorpommern. In ihrem Windschatten folgte ein kleines Grüppchen Schlachtenbummler, um die HSG im Duell der beiden altehrwürdigen Universitäten des Bindestrichbundeslandes auch in der Fremde würdig zu vertreten. Die HSGirls bestritten ein famoses Spiel, dominierten die erste Hälfte, gerieten im zweiten Durchgang knapp ins Hintertreffen, drehten die Partie abermals und siegten schlussendlich hauchdünn vor der begeisterten HSG-Tribüne. Übertroffen wurde dieser Erfolg nur noch durch einen triumphalen Überraschungscoup in der Doberaner Stadthalle.

Ohne Auswechselspielerin und mit einer nominellen Torhüterin, die ansonsten stets auf dem Feld im Rückraum agiert, spielten die Uni-Handballerinnen befreit auf. Zur Halbzeit war der Rückstand schon kleiner als erwartet und als im zweiten Spielabschnitt schnell der Ausgleich erzielt werden konnte, wuchsen die wenigen vor Ort und auf der Platte befindlichen HSGirls über sich hinaus. Sie spielten und warfen sich in einen Rausch, übernahmen die Führung und gewannen mit fünf Toren Vorsprung in der Münsterstadt.

Mit dem siebenten Rang konnte die Platzierung aus der Vorsaison bestätigt werden. Demnach sind sie nunmehr eine feste Größe auf der Landesebene und schreiten erhobenen Hauptes im HSG-Saturierungsprozess voran. Insbesondere wird es in naher Zukunft darum gehen, den Unterbau der Mannschaft weiter zu festigen, die schmerzlichen Abgänge zu kompensieren, das fantastische Abteilungsklima

dauerhaft zu konservieren und weiterhin zu beför-
dern. Allesamt Aufgaben, die einer gewissen Hinga-
be bedürfen.


## Die Erste

In der Weststaffel der Verbandsliga hingen die Trau-
ben für die HSG-Handballer in der abgelaufenen
Saison ziemlich hoch. War die HSG im vergangenen
Spieljahr noch im unteren Mittelfeld der Tabelle ein-
gekommen, gelang es in der laufenden Spielzeit lediglich hauchdünn, den theoretisch drohenden Abstieg abzuwenden.

Wenngleich nur ein Sieg weniger eingefahren werden konnte als noch vor Jahresfrist, mussten sich die
Uni-Handballer mit dem neunten und somit vorletzten
Rang begnügen. Der Start in die Saison verlief eigentlich erfreulich, gelang es doch, sofort das erste
Heimspiel für sich zu entscheiden. Auch nach dem
sechsten Spieltag sah die Welt der Verbandsliga-
männer noch rosig aus. Das Punktekonto war ausgeglichen und alle bisherigen Heimspiele wurden

gewonnen. Aus den restlichen zwölf Partien gestalteten die Uni-Handballer lediglich zwei siegreich.

Just diese beiden Erfolge avancierten dann jedoch sogleich zu absoluten Höhepunkten. Im Januar führte eine Auswärtsreise die HSG-Truppe nach Crivitz. Dort brannten die Studenten förmlich ein handballerisches Feuerwerk ab und fuhren einen der höchsten Siege (17:35) der jüngeren Geschichte der Handballabteilung der HSG Uni Rostock ein. Zwei Wochen später gelang es den Verbandsligamännern, ein zweites Mal aufzutrumpfen. In einem wahren Kraftakt behielten die Rostocker in heimischer Halle im Duell mit dem langjährigen und spielstarken Konkurrenten des VfL Blau-Weiß Neukloster letztendlich die Oberhand. In der Pause noch knapp hinten, drehten die HSGler binnen weniger Minuten nach Wiederanpfiff das Spiel. Nach langem Kopf-an-Kopf-Rennen schoben sich die Hausherren kurz vor der Ziellinie eine Nasenlänge nach vorne und feierten einen verdienten und umjubelten Erfolg.

Dieser wurde umso extatischer zelebriert, als dass er ein schönes Kontrastprogramm zu einigen herben Niederlagen bildete, die es in dieser Saison hagelte (gegen den Plauer SV, die SG Handball Schwerin/Leezen, den Bad Doberaner SV '90 II und insbesondere den TSV Bützow [36:11]). Somit beendeten die Uni-Handballer die Saison in der Weststaffel der Verbandsliga auf dem neunten Rang. Aufgrund der unterschiedlichen Staffelstärken in dieser Spielzeit stand den HSGlern kein Gegner für die Überkreuzpartien zur Verfügung, weswegen sie auf diese beiden, eigentlich eingeplanten, letzten Saisonpartien verzichten mussten.

Aufgrund von Umstrukturierungsmaßnahmen auf Landesebene durch den HVMV, welche wegen diverser Mannschaftsrückzüge und -abmeldungen nötig geworden waren, werden die beiden Verbandsligastaffeln quantitativ reduziert und völlig neu geordnet. So beteiligen sich in der kommenden Saison neben dem Team der HSG die zweite Mannschaft des Doberaner SV '90 und die zweite Vertretung des SV Warnemünde am Spielbetrieb der Verbandsliga Ost. Auch die Reserve des HC Empor Rostock sollte nach ihrem Abstieg aus der MV-Liga dieser Spielklasse zugeordnet werden, wurde aber seitens des Klubs bereits vor der Landesterminkonferenz des Handballverbandes Mecklenburg-Vorpommern Ende

Juni zurückgezogen. Nach mehreren Jahren in der Weststaffel reisen die Uni-Handballer wieder in den östlichen Landesteil, um in der kommenden Spielzeit auf Punkte- und Torejagd zu gehen. Gänzlich muss der Westen jedoch nicht auf die Rostocker Studenten verzichten, führt sie doch das Los schon im Oktober anlässlich der zweiten Runde des Landespokals in die Stadthalle Neukloster, wo sie mit den blau-weißen Hausherren um das Weiterkommen kämpfen werden. Die Verbandsligamänner gehen übrigens in eine Jubiläumssaison, da sie seit der Neugründung der Abteilung nunmehr im zehnten Jahr mit dem HSG-Stier auf der Brust in den Hallen Mecklenburg-Vorpommerns auflaufen und die renommierte Universität Rostock sportlich vertreten und repräsentieren. Es bleibt spannend, was die Jubiläumssaison für die HSGler bereithält.

## Die Reserve

Die Bezirksligamänner verbrachten eine weitere beschauliche Saison in der heimischen Bezirksliga. In einer Staffel mit sieben weiteren Mannschaften hatten sie kaum weniger Pflichtspiele zu absolvieren als ihre Vereinskameraden in der Verbandsliga. Wie in den Vorjahren konnten die Uni-Handballer zum dritten Mal (in ihrer dritten Saison) den Bronzeplatz in der Bezirksliga erringen. Von vierzehn Partien entschieden sie neun zu ihren Gunsten, fünf mussten jedoch verloren gegeben werden.

Mit mehr Konstanz und Konzentration hätte die Silbermedaille in Reichweite gehangen, der Staffelsieg war jedoch auch in dieser Spielzeit völlig utopisch, sicherte sich doch die vierte Vertretung des HC Empor Rostock eben diesen. Den Vergleich zu den vorherigen Spielzeiten braucht die Uni-Reserve nicht zu scheuen. Konnte in den letzten Jahren ein positives Punktekonto lediglich hauchdünn erkämpft werden, prangte diesmal ein Acht-Punkte-Plus auf der Haben-Seite der HSGler.

Zu den obligatorischen Niederlagen (zweimal gegen den HC Empor Rostock IV und einmal gegen den SV Warnemünde IV) gesellten sich zwei unnötige, jedoch mitnichten unverdiente, gegen die zweite Mannschaft des Schwaaner SV und den Laager SV 03. Andererseits feierten die Uni-Handballer, neben dem Überraschungscoup gegen die vierte Vertretung der Teepottstädter schöne Siege, unter anderem in der Schwaaner Beke-Halle, gegen den Laager SV 03, bei der HSG Warnemünde sowie beim Hin– und Rückspiel gegen die zweite Mannschaft des Ribnitzer HV.

Den Saisonschluss und -höhepunkt bildete das im April abgehaltene Bezirkspokalturnier. In früheren Anläufen war es den Uni-Handballern nie vergönnt, das Treppchen bis zur Spitze zu erstürmen. Im zurückliegenden Turnier bot sich der HSG-Reserve jedoch eine womöglich unwiederbringliche Chance, welche diese in der Lage war, eiskalt auszunutzen.

Nach dem Auftaktsieg im Turniereröffnungsspiel gegen eine bunt zusammengewürfelte Mischung des fünften Teams des SV Warnemünde ließen die Uni Handballer Zittersiege gegen einen geschwächt antretenden Bezirksmeister des HC Empor Rostock IV und eine während des Turnierverlaufs zunehmend dezimierte aber aufrecht und wacker kämpfende Truppe des Laager SV 03 folgen.

Schlussendlich durften sie nach neun Jahren den ersten Titel der Männer in der jüngeren Abteilungsgeschichte bejubeln. Für alle Beteiligten dürfte es sich hierbei um ein unvergessliches Ereignis gehandelt haben, welches sich unauslöschlich in die Gehirne aller Anwesenden in der Sporthalle am Gerüstbauerring eingebrannt hat. Immerhin war es den Jungs vergönnt, in der Titeljagd den ersten Schritt in Richtung Remis getan zu haben. Allerdings darf an dieser Stelle mitnichten unterschlagen werden, dass die HSGirls immer noch mit 3:1 in Front liegen.

Auch im nächsten Jahr wird die HSG-Reserve im Bezirk auf Punkte- und Torejagd gehen, wenngleich sie aufgrund des bedauernswerten Rückzuges der Mannschaft der HSG Warnemünde zwei Partien weniger zu absolvieren haben wird. Dass die Uni-Handballer im Pokalwettstreit erneut eine wichtige Rolle spielen werden, steht jetzt bereits fest, da sie sich als aktueller Titelträger für die Ausrichtung des Turniers im Jahr 2019 gemeldet haben.

## Der Saisonausklang

Nachdem alle HSG-Mannschaften ihr gesamtes Pflichtspielprogramm ordnungsgemäß und vollständig absolviert hatten, wurde der Übergang in die Zeit zwischen den Saisons eingeleitet. Diese ruhige Periode wird über die Jahre hinweg gesehen zunehmend voller, haben sich doch diverse Termine und Veranstaltungen auch in den "Sommerferien" angesammelt. Neben verschiedenen Beachhandballturnieren gesellten sich noch gesellschaftliche Aktivitäten sowie das Mittsommernachtssportfest des Hochschulsports der Universität Rostock hinzu.

Nichtsdestotrotz begaben sich die Uni-Handballer zunächst von den Platten in den Hallen auf den Sand an die Strände. Die erste Anlaufstelle bildete wie immer das traditionsreiche Turnier im Ostseebad Binz auf Rügen. Beim HSG-Stammturnier verlebten die Uni-Teams "HSGörls" und "HSGay" ein fantastisches spätes Maiwochenende. Neben der formidablen Unterbringung in der Jugendherberge Prora erfreuten sich die Studentenmannschaften auch einer guten eigenen Turnierleistung. Platz vier bei den Jungs und Platz zwei bei den Mädels untermauern, auch in Form der errungenen Pokale, diese These.

Im Anschluss daran entsandten die Rostocker Mitte Juni zum zweiten Mal in Folge eine Delegation nach

Seehausen. Beim 7. Seehäuser Hanse-Beach-Cup brachte die HSGay ein tolles Wochenende in der nördlichen Altmark zu. Da die Männer alleine nach Sachsen-Anhalt reisten, nahmen sich die Frauen, völlig zu recht, das gleiche Privileg heraus. Im späten Juni nahmen sie an einem riesigen Turnier in Schleswig-Holstein teil. Beim 17. Travemünder Beachhandball Cup agierten die HSGörls im B-Pokal. Wenngleich sie hauchdünn die Qualifikation für das Achtelfinale verpassten, verbrachten sie ein tolles Wochenende am Strand der Königin der Hanse, wobei das Wetter durchaus angenehmer hätte sein können.

Zusätzlich durften sich die Mitglieder der Handballabteilung auch wieder über die erträgliche Zusammenarbeit mit dem langjährigen Partner PRO EVENT freuen. Sowohl beim 26. Rostocker Citylauf als auch beim neunten Rostocker Firmenlauf engagierten sich die HSGler, indem sie ihnen zugewiesene Aufgaben an der Strecke übernahmen und somit zur Absicherung und Durchführung dieser Sportveranstaltungen in der nunmehr seit 800 Jahren Lübischen Stadtrechts habhaften Metropole im Ostseeraum beitrugen. Insbesondere über das Mitwirken beim diesjährigen Citylauf freuten sich die Studenten sehr, überschnitt sich doch der Termin unglücklicherweise mit dem des 23. Binzer Beachhandball-Turniers. Da viele Ressourcen der Abteilung in diesen Tagen auf Rügen gebunden waren, ist den in Rostock verbliebenen fleißigen HSG-Helfern ein besonderes Lob auszusprechen.

Zu guter Letzt zeigten die Uni-Handballer beim traditionsreichen Mittsommernachtssportfest des Hochschulsports der Universität Rostock Flagge. Bei der diesjährigen 25. Jubiläumsauflage der beliebten Sportveranstaltung präsentierten neben den Fuß- und Beach-Volleyballern auch die Handballer ihre Sportart, allerdings auf ungewohnt grünem Untergrund. Zusammen mit den Sportlern des Handballkurses des Hochschulsports zelebrierten die HSGler etwa drei Stunden Rasenhandball bei herrlichem Kaiserwetter. Der Spaß stand bei diesem Turnier wie immer im Vordergrund. Darüber hinaus freuen sich die Mädels und Jungs der HSG schon auf die Neuauflage im kommenden Jahr, an welcher sie sicherlich wieder in großer Zahl partizipieren werden.

# Der Ausblick

Für die Handballabteilung der HSG bricht nunmehr eine ganz besondere Saison an, feiert sie doch ihr zehnjähriges Bestehen seit der Neugründung. Wie schon in dieser Spielzeit wird sie erneut drei Mannschaften in Liga- und Pokalwettbewerbe entsenden. Die Studenten vertreten demnach sowohl auf der Landes- als auch auf der Bezirksebene die Farben ihrer Universität. Im Männerbereich werden HSG-Mannschaften sowohl in der Oststaffel der Verbandsliga des HVMV als auch in der Bezirksliga des BHV Nord antreten, die Frauen hingegen decken geografisch gesehen ein größeres Gebiet ab, weil sie gegen Mannschaften aus den beiden Landesteilen Mecklenburg-Vorpommerns spielen und in der Verbandsliga des HVMV um Punkte kämpfen werden. Die Handballabteilung der HSG Uni Rostock sieht der kommenden Saison mit Freude, Neugier und Spannung entgegen. Wir freuen uns auf die sportlichen Duelle und hoffen darüber hinaus, Fairness, Freundlichkeit und eine studentische Prägung auf und neben der Platte garantieren und leben zu können.

## Uni-Handballerinnen bei der Vorrunde der DHM in Hamburg im Einsatz

Am 13. Februar 2019 reiste eine Delegation Rostocker Studentinnen in die Elbmetropole, um die Vorrunde der DHM des ADH im Handball zu bestreiten. Der Aufbruch erfolgte etwa um 09:00 Uhr an der Südseite des Rostocker Hauptbahnhofs, wo die vom Hochschulsport der Universität Rostock gemieteten und bereitgestellten Fahrzeuge stationiert waren. Das Tor zur Welt konnte ohne Probleme und völlig im Zeitplan gegen 11:00 Uhr erreicht werden. Somit blieb den Rostockerinnen immerhin noch eine sechzig minütige Vorbereitungsphase auf die Auftaktpartie. Eben diese durften die Mädels von der Warnow sogleich gegen die favorisierten Gastgeberinnen der WG Hamburg bestreiten. Deren Mannschaft war gespickt von Zweit- und Drittligaspielerinnen und auch an der Seitenlinie wurde sie mit Bundesligaerfahrung betreut.

Zunächst nutzten die routinierten Hausherrinnen sowohl ihren Erfahrungsvorsprung als auch ihren Heimvorteil und warfen sich schnell eine Führung von drei bis fünf Toren heraus. Mit fortlaufender Spieldauer fanden aber auch die Rostockerinnen besser in die Partie und boten den Elbestädterinnen Paroli. Am Ende stand eine 17:24-Niederlage zu Buche. Interessanterweise sollte dieser Erfolg der knappste bleiben, den der spätere Turniersieger, die WG Hamburg, während dieser Vorrunde erringen konnte.

Im zweiten Spiel traf das Team der Universität Rostock auf die Damen der Carl-von-Ossietzky-Universität Oldenburg. In einem von Anfang an engen Duell versuchten beide Seiten, die Oberhand zu erlangen. Kurz vor der Halbzeit legten die Rostockerinnen einen Zwischenspurt ein. Aus diesem resultierte eine knappe 11:9-Halbzeitführung und eine fast zweiminütige Überzahl zu Beginn des zweiten Spielabschnitts. Diese konnte leider nicht genutzt werden und binnen weniger Minuten kamen die Oldenburgerinnen nicht nur zum Ausgleich, sondern übernahmen in einem Handstreich auch die Führung. Wenngleich die Damen von der Ostsee vorbildlich kämpften und sich insbesondere mit Wurfgewalt aus dem Rückraum in der Partie hielten, nahmen die Niedersächsinnen das Zepter des Handelns von nun an in die Hand und regierten mit ihm konsequent, vor allem durch präzises und überfallartiges Tempospiel, bis zum Schlusspfiff. 16 Gegentore in den zweiten 20 Minuten waren einfach zu viel, weswegen auch die zweite Partie knapp aber verdient mit 22:25 verloren gegeben werden musste.

Im vorletzten Spiel des Tages und im finalen Duell mit Rostocker Beteiligung trafen die Uni-Handballerinnen auf die WG Halle (Saale). Beide Teams hatten bis zu diesem Zeitpunkt alle Punkte abgeben müssen, weswegen sämtliche Spielerinnen, egal ob auf der Platte oder auf den Bänken, extrem gewillt waren, wenigstens das Ostduell zu ihren Gunsten zu entscheiden, die letzte Partie des Tages siegreich zu gestalten und mit einem guten Gefühl das Turnier zu beenden. In der ersten Halbzeit taten sich die Rostockerinnen erneut schwer, zu viele technische Fehler und Fehlwürfe verhinderten einen größeren Vorsprung zur Pause. Im zweiten Durchgang ließen sie jedoch ihr Können aufblitzen und warfen zwischenzeitlich eine Zehn-Tore-Führung heraus. Zwar schluderten die Damen von der Ostsee gegen Spielende ein wenig, doch der letztlich erspielte 24:18-Erfolg geriet nie mehr ernstlich in Gefahr.

Alle Spiele wurden in fairer, freundschaftlicher und respektvoller Weise durchgeführt. Die Rostocker Reisegruppe hatte an diesem Tag viel Spaß und Freude, wenngleich leider zwei Verletzungen zu beklagen waren. Schlussendlich kamen die Uni-Handballerinnen sicher und wohlbehalten gegen 20:00 Uhr wieder in der heimischen Universitäts- und Hansestadt an.

Zum Schluss gilt es noch, den Verantwortlichen des Hochschulsports der Universität Rostock großen Dank auszusprechen. Federführend seien an dieser Stelle der Leiter des HSP der Uni Rostock, Dr. Hartmut Preuß, und Dr. Ulf Reder genannt, die tolle Rahmenbedingungen geschaffen und es den jungen Studentinnen ermöglicht haben, die älteste Universität im Ostseeraum im sportlichen Wettstreit mit anderen Bildungseinrichtungen zu vertreten. Auch den Vereinen, die ihren Spielerinnen die Freigabe zur Teilnahme an diesem Event erteilt haben, sind die Uni-Handballerinnen zu großem Dank verpflicht. Namentlich waren es in diesem Jahr die TSG Wismar, der Rostocker HC, der SV Grün-Weiß Schwerin und die HSG Uni Rostock. Des Weiteren gebührt der Leiterin der Delegation und der Mannschaftsbetreuerin in Personalunion, Laura Schön, ein großes Lob für ihre tadellose und engagierte Arbeit. Nicht zuletzt sei auch noch der Leiter des Handballkurses des HSP, Peter Wallbaum, erwähnt, der das ganze Projekt angeschoben und über einen Zeitraum von mehreren Monaten betreut hat.

Unsere Handballerinnen freuen sich schon auf das nächste Jahr!

## Mission Titelverteidigung kläglich gescheitert – Uni-Reserve erlebt einen rabenschwarzen Pokalsonntag

Am vergangenen Sonntag hatten sich die Bezirksligamänner der HSG das Ziel gesetzt, den Pokaltriumph des Vorjahres wenn möglich zu wiederholen. Ein hoch gestecktes Ziel, zumal der Pokalsieg vor Jahresfrist nicht nur einer Sensation gleichkam, sondern darüber hinaus überhaupt der erste Titel war, den die Männer der HSG Uni Rostock im neuen Jahrtausend erringen konnten. So bereiteten sich die Uni-Handballer gewissenhaft auf das Turnier vor, zudem sie als Ausrichter auch noch für einen reibungslosen Ablauf Sorge zu tragen hatten.

Insgesamt nahmen in diesem Jahr sechs Mannschaften am Kampf um die Bezirkspokaltrophäe teil. Sie wurden in zwei Gruppen eingeteilt, die beiden Gruppenbesten qualifizierten sich für die Halbfinals, in welchen sich wiederum die Endspielbesetzung herauskristallisieren sollte. In der Gruppe „ABC" setzte sich die vierte Vertretung des HC Empor Rostock vor dem Ribnitzer HV II und dem Team des Laager SV 03 durch. In der Überkreuzgruppe („XYZ") errang der Schwaaner SV II den Gruppensieg, das vierte Team des SV Warnemünde sicherte sich mit dem zweiten Platz ebenfalls ein Halbfinalticket. Die gastgebenden HSGler mussten sich hingegen nach zwei Niederlagen mit dem letzten Gruppenplatz und dem noch folgenden Spiel um Platz fünf begnügen.

Im ersten Gruppenspiel duellierte sich die Uni-Reserve mit ihrem Pendant vom Schwaaner SV. Der Start in die Partie gelang und so führten die Hausherren bereits nach sieben Minuten mit 5:2. Allerdings schlichen sich immer mehr Unkonzentriertheiten ein, weswegen es den Männern von der Beke – in gänzlich unnötiger Weise – ermöglicht wurde, in der Partie zu bleiben. In den letzten Minuten stand das Spiel Spitz auf Knopf, die Uni-Handballer mussten in der Schlussminute den Ausgleich hinnehmen, verloren vorne den Ball und kassierten den spielentscheidenden Konter, welcher die bittere, aber der eigenen Unzulänglichkeiten wegen verdiente Niederlage, besiegelte.

Das Ergebnis des ersten Gruppenspiels verlieh dem zweiten Gruppenspiel der HSGler zugleich Endspielcharakter. Ein Sieg gegen die vierte Mannschaft des SV Warnemünde musste her, um noch den Einzug ins Halbfinale zu schaffen. Wenngleich sich die Rostocker sichtlich mühten, fiel es ihnen schwer, Tore zu erzielen. Bis zur Hälfte gelang es, das Spiel ausgeglichen zu gestalten. Als jedoch auch hinten der Zugriff auf den Gegner verloren ging, legten die Teepottstädter einen 6:1-Lauf hin, der ihnen schlussendlich den Sieg brachte. Somit fanden sich die Uni-Handballer nach Abschluss der Vorrunde am Tabellenende ihrer Gruppe wieder und standen mit leeren Händen da.

In der nun ausgetragenen Vorschlussrunde nahmen die HSGler die Zuschauerrolle ein und waren zur Passivität verdammt. In dieser Funktion sahen sie ein dramatisches Halbfinale, in welchem sich Empor IV gegen Warnemünde IV im Siebenmeterwerfen (die Entscheidung fiel erst beim siebenten Werferpaar) durchsetzte – 18:17. Das andere Semifinale bot nicht ganz so viel Spannung, der Schwaaner SV II bezwang die Bernsteinstädter des Ribnitzer HV II relativ klar mit 18:12.

Nun durften auch die Uni-Handballer noch einmal ins Geschehen eingreifen. Nach einer mehr als zweistündigen Pause lieferten sie sich mit den sympathischen Recknitzstädtern vom Laager SV 03 ein Duell um die goldene Ananas. Verlief die erste Halbzeit noch relativ ausgeglichen, setzten die Uni-Handballer in ihren letzten fünfzehn Minuten dieses Bezirkspokalturniers noch einmal zu einem Sturmlauf an und erzielten zwölf Treffer. Wenngleich die Abwehr nicht mehr die höchste Priorität zu genießen schien, reichte diese Angriffswucht, um das Spiel um Platz fünf schlussendlich sicher siegreich zu gestalten (21:13). Im Anschluss sicherte sich der SV Warnemünde IV mittels eines 19:11-Erfolgs gegen die Truppe des Ribnitzer HV II den Bronzeplatz.

Im Endspiel traf letztlich der Titelfavorit des HC Empor IV auf das zweite Team des Schwaaner SV. Die Männer von der Beke starteten wie die Feuerwehr, übernahmen schnell das Kommando und dominierten den ersten Spielabschnitt – eine 6:9-Halbzeitführung war der verdiente Lohn. Nach dem Seitenwechsel mobilisierte die Empor-Sieben alle verbliebenen Kraftreserven, spielte ihre langjährige Erfahrung und gesammelte Routine aus, bog die

Partie um und sicherte sich, gestützt auf einen starken Rückhalt zwischen den Pfosten, das Objekt der Begierde. Der 16:14-Endspielsieg – ebenfalls erst im Siebenmeterwerfen – macht die Mannschaft des HC Empor Rostock IV zum neuen und amtierenden Bezirkspokalsieger des BHV Nord.

1. HC Empor Rostock IV
2. Schwaaner SV II
3. SV Warnemünde IV
4. Ribnitzer HV II
5. HSG Uni Rostock II
6. Laager SV 03

HSG Uni Rostock: Helwing (TW), Quakernack (TW), Bresina, Götz, Jäschke, Kumpe, Locker, Morawetz, Müller, Scherf, Schmidt, Spittau, Schulze, Thamm
MV-A: Helene Radelhof, MV-B: Lara-Isabell Wunderlich

## Berlin ist immer eine Reise wert

Am 25. April dieses Jahres brach eine Reisegruppe Rostocker Studenten auf, um ihre Alma mater bei der nordostdeutschen Vorrunde der Hochschulmeister- schaften im Handball zu vertreten. Aufgrund der langwierigen und äußerst diffizilen Suche nach ei- nem Ausrichter stand diese Sportveranstaltung auf Messers Schneide. Im Februar hatten sich alle be- treffenden Verantwortlichen mit der scheinbar uner- schütterlichen Tatsache abgefunden, dass es in der Saison 2018-19 wohl zu keiner Durchführung kom- men würde. Die anderen Gruppen im Männerbereich und auch die Frauen hatten ihre jeweiligen Qualifika- tionsturniere bereits Ende 2018 oder aber spätestens Anfang 2019 abgehalten. Dankenswerterweise fand sich kurz vor Toresschluss die TU Berlin bereit, die- ses schöne Turnier auszurichten und so lud die recht junge aber renommierte Universität ihre Gäste in die Bundeshauptstadt. Aufgrund der kurzfristigen Absa- ge des Teams der Universität Vechta musste am Wochenende vor dem avisierten Spieltag der Spiel- plan noch mal völlig neu gestaltet werden.

Es sollten nun vier Mannschaften im Modus Jeder-gegen-Jeden in Partien à 2 mal 20 Minuten antreten. Hierzu gaben die Handballer der Universitäten Oldenburg, Potsdam und Rostock ihre Visitenkarten in der Stadt zwischen Havel und Spree ab. Wenngleich das Turnier relativ zeitig begann, wurden die Oldenburger und Rostocker insofern etwas entlastet, als dass die beiden Mannschaften, welche in der Metropolregion Berlin-Brandenburg beheimatet sind, die erste Partie bestritten. Somit konnten sich die Aktiven aus Niedersachsen und Mecklenburg ein klein wenig mehr Zeit mit der Anreise lassen.

Die Rostocker Gruppe wurde vom Hochschulsport der Universität Rostock, insbesondere durch Dr. Hartmut Preuß und Dr. Ulf Reder, bestens ausgerüstet, unterstützt und beraten. Die Vorbereitungen im Vorfeld wurden durch den Leiter des Handballkurses des Hochschulsports und des Trainers der Frauenmannschaft der HSG Uni Rostock in Personalunion, Peter Wallbaum, in professioneller, weitsichtiger und zuverlässiger Weise getroffen. Der Delegationsleiter vor Ort war der Abteilungsleiter der Handballabteilung der HSG Uni Rostock, Frank Fehringer. Das Gros der Mannschaft rekrutierte sich ebenfalls aus den Reihen der HSG-Handballer, wobei sie punktuell (unter anderem durch einen Mitstreiter aus Portugal) verstärkt worden sind. Aufgrund des überraschenden Zustandekommens dieses Events war es den Jungs von der Ostseeküste leider nicht vergönnt, sich im Vorfeld hinreichend einzuspielen.

Nichtsdestotrotz waren die Rostocker gewillt und guten Mutes, alles in die Waagschale zu werfen, dessen sie habhaft zu werden vermochten, um ihre Partien möglichst erfolgreich zu gestalten. Dieser Vorgabe folgend fochten die Mecklenburger jedes einzelne ihrer drei Duelle an diesem Tag sportlich aus. Wenngleich unter dem Strich drei Niederlagen zu Buche standen, verabschiedeten sie sich erhobenen Hauptes aus dem Turnier. In jedem Spiel hatten sie ihre Chancen, kämpften, spielten und liefen aufopferungsvoll. Die meiste Spielzeit konnten die Partien offen gestaltet werden, allerdings gelang es den Kontrahenten meist gegen Ende der Spiele, ihr Können und ihre Erfahrung auszuspielen, da zahlreiche Akteure in höheren Ligen unterwegs sind als die Verbandsligahandballer im HVMV. Demzufolge mussten die Männer vom Warnowtrichter in folgender temporärer Abfolge ihre Spiele verloren geben.

Direkt nach Ankunft unterlagen sie dem Team der Uni Oldenburg (20:27), es folgte die Niederlage gegen den späteren Turniersieger TU Berlin (18:26) und final mussten sich die Rostocker der Vertretung der Uni Potsdam (23:30) geschlagen geben.

Obwohl keine Punkte erkämpft werden konnten, traten die Mecklenburger guten Gewissens die Heimreise an die Ostseeküste an. In den frühen Abendstunden erreichte die Rostocker Delegation ihren Heimathafen, ging vor Anker und verließ gerade rechtzeitig das Schiff, um am nächsten Tag wieder fit sein zu können.

Final sei noch einmal festgehalten, dass es allen Uni-Handballern eine Ehre und ein großes Vergnügen war, die älteste Universität im Ostseeraum und deren Hochschulsport auf dem Handballfeld in der Spreemetropole sportlich zu repräsentieren. Wir freuen uns schon auf das nächste Jahr und hoffen, noch ein wenig konkurrenzfähiger zu werden.

Für die Universität Rostock traten an: Thorge Derner (TW), Niklas Bäumer, Felix Berger, Dinis Faustino, Frank Fehringer, Niklas Götz, Christopher Hiller,

Lucas Janke, Dominik Locker, Gunnar Menofs, Johann Müller, Jonathan Schulze

## Zehn Jahre Uni-Handball – Eine junge Abteilung feiert ihr Jubiläum

Als sich vor über einer Dekade ein paar junge Studenten sammelten, um das breite Sportangebot der HSG Uni Rostock auch wieder um den traditionsreichen Handball zu erweitern, schritten sie einer ungewissen Zukunft entgegen. Niemand vermochte zu sagen, ob das Unterfangen gelingen würde. Wie nachhaltig sich die neu geschaffenen Strukturen erweisen würden, stand noch in den Sternen. Selbst die Mehrheit der Gründungsmitglieder ging im Sommer 2009 nicht zwingend davon aus, dass die Uni-Handballer auch noch in fünf Jahren mit dem Stier auf der Brust in den Hallen Mecklenburg-Vorpommerns auflaufen würden. Umso heiterer machten sich die HSG-Verantwortlichen in den letzten Monaten daran, diesem freudigen Ereignis einen würdigen Rahmen zu verleihen.

Zu diesem Anlass richtete sich der Fokus nicht nur auf eine große Party, sondern das ganze Wochenende wurde zu einem kleinen Feiermarathon deklariert.

Am Freitag läutete ein offenes Training das Jubiläum ein, am Samstag, dem Haupttag, fand zunächst das erste offizielle All(t)-Star-Game der Geschichte der Handballabteilung statt, gefolgt von der Festveranstaltung. Abschließend brunchten der HSG äußerst verbundene Mitglieder am Sonntagmittag bei bestem Sonnenschein der neuen Woche entgegen.

Das All(t)-Star-Game, wenngleich ein Novum für den HSG-Handball, erwies sich als voller Erfolg. Neben einigen Aktiven, die immer noch für den Verein auf Punkte- und Torejagd gehen, fanden sich auch viele ehemalige Uni-Handballer ein, um mit ihren alten Mitspielern ein wenig zu zocken. Die HSGler, die sich während ihrer Zeit stark und uneigennützig für die Abteilung engagiert und zum Auf- und Ausbau in erheblichem Maße beigetragen haben, zeigten während des Spiels so manche Finesse, Dreher, Heber und Leger waren keine Seltenheit. Den obligatorischen Kempa-Trick und die eingesprungene Pirouette gab es selbstredend auch zu bestaunen. Der finale Höhepunkt kulminierte in einem Siebenmeterwerfen mit wechselnden Torhütern. Ob Team „Alt" oder Team „Jung" nun am Ende gewonnen hat, ließen selbst die Beteiligten offen. Nach dem Ende der sportlichen Aktivitäten blickten die Spieler gemeinsam von einem kleinen Balkon über den Stadthafen und die Unterwarnow, erfrischten sich mit einem Kaltgetränk und bereiteten sich dann auf die Feier, deren Beginn für 19:00 Uhr avisiert war, vor.

Namentlich Fanny Buscha, Carolin Grünhagen, Pauline Kissing, Christina Magritz, Laura Schön, Lara-Isabell Wunderlich, Christian Behn, Frank Fehringer, Marcus Helwing, Nico Hentschel, Gregor Menzel, François Peglow, Tim Piater, Nils Quakernack, Marcus Reif, Sebastian Schmidt, Steffen Schollbach, Andreas Schröder und Peter Wallbaum liefen beim ersten HSG-All(t)-Star-Game auf.

Fast pünktlich, die studentische Prägung schlägt bei der HSG eben immer wieder durch, eröffnete der Abteilungsleiter mit einer kurzen und prägnanten Ansprache die Zehn-Jahres-Feier. Neben den aktuellen und ehemaligen Spielern der HSG, deren Eltern, deren Freunden, Bekannten und Verwandten nahmen auch Vertreter von Verein und Verbänden teil. So machte quasi der gesamte Vorstand der HSG Uni Rostock, in Person des Vorsitzenden, Andreas Tesche, und des stellvertretenden Vorsitzenden

Hans-Georg Busecke seine Aufwartung, der Leiter der Geschäftsstelle, Maik Schiffner, war selbstverständlich auch zugegen. Darüber hinaus erschienen auch der Vorsitzende des BHV Nord, Volker Schnepel, in Vertretung des HVMV-Präsidenten, Peter Rauch, der Pressewart des HVMV, Johannes Weber und die Leiterin der Geschäftsstelle, Christiane Weber, um mit den HSGlern einen wundervollen Abend zu verleben. In den Räumlichkeiten des „Dieter" und in Teilen des „M.A.U. Clubs" hatten die Uni-Handballer ein opulentes Buffet in gänzlicher Eigenregie kreiert. Dazu waren die zur Verfügung stehenden Räume mit unzähligen Bildern aus der letzten Dekade des HSG-Handballs dekoriert, errungene Pokale und Urkunden wurden ausgestellt, eine ganze Wand hing voll mit allen Varianten der Trikots, welche die Uni-Handballer in den letzten zehn Jahren getragen hatten. Ein weiterer Stand war für das Buch zum HSG-Handball reserviert, in welchem geschmökert, geblättert und gelesen werden konnte. Ein Kickertisch stand zum Zocken auf einer erhöhten Plattform, eine Empore lud zum Beobachten ein und eine große Tanzfläche wurde exzessiv genutzt, natürlich unter einem riesigen Banner der HSG-Handballabteilung. Die Abendstunden vergingen wie im Flug und anschließend machten die Gäste die erste Nacht im Juni 2019 zum Tag. Gegen fünf Uhr in der Früh dürften vor Ort die letzten Lichter ausgelöscht worden sein. Ein Zeichen dafür, dass die Veranstaltung kein völliger Fehlschlag gewesen sein kann.

Nach einer kurzen Ruhephase rafften sich einige besonders hart gesottene HSG-Handballer auf, um am frühen Sonntagmorgen Vorkehrungen für das abschließende Gabelfrühstück, wie es Thomas Mann vermutlich genannt hätte, auf der Sonnenterrasse des „Dieter" zu treffen. Etwa ein Drittel der Anwesenden des Vorabends fanden sich ein, um über den Sonntagmittag ganz gemütlich das Partywochenende ausklingen zu lassen. Bei Brötchen, Kaffee, Orangensaft, diversen Belägen, Obst und Aufstrich wurde über den vergangenen Abend, die letzte Saison und die hinter den Uni-Handballern liegende Dekade voller aufregender Ereignisse diskutiert.

Alles in allem zieht die Abteilungsleitung ein mehr als positives Résumé. Zwar hat nicht alles derart funktioniert, wie es ursprünglich geplant worden war, doch ging die Feier ohne Probleme über die Bühne und die bisher eingeholten Rückmeldungen ließen darauf schließen, dass im Großen und Ganzen eine mehr als gelungene Party organisiert und durchgeführt worden war. Zu großer Protz wurde vermieden. Viel mehr besann sich die Abteilungsleitung auf die Wurzeln der Uni-Handballer, welche tief in den Werten Zurückhaltung, Bescheidenheit, Respekt und Fairness verwachsen sind. Dementsprechend wurde die Zehn-Jahres-Feier in einem angemessenen Rahmen mit reger Beteiligung der Abteilungsmitglieder und dem richtigen normativen Leitstern folgend abgehalten.

Wir hoffen, dass alle Beteiligten einen wundervollen, unvergesslichen und erlebnisreichen Abend verlebt und sich im Kreis der Uni-Handballer wohl und heimisch gefühlt haben. Für uns geht es nun endgültig in die Sommerpause, um uns zu erholen, zu regenerieren und neue Kraftreserven anzulegen. Schließlich soll die neue Saison dann wieder, wie es bei der HSG üblich ist, mit Volldampf in Angriff genommen werden.

## Abruptes Saisonende für die Uni-Handballer

Die Saison 2019-20 steht nun auch offiziell in den Geschichtsbüchern. Sie geht in eben diese als die „Unvollendete" ein. Das Corona-Virus, welches vor ein paar Monaten binnen weniger Wochen pandemisch den Erdball umfasste und seitdem das Geschehen allerorten diktiert, hat – als kleine Randnotiz – auch den Handball in der Bundesrepublik völlig aus der Bahn geworfen. Wenngleich die Profi-Teams in den höheren Ligen noch bestrebt sind, eine irgendwie geartete Lösung zu finden, die Saison zu Ende zu spielen – was hauptsächlich den ökonomischen Abhängigkeiten geschuldet sein dürfte – besteht diese Notwendigkeit im Amateursport nicht.

Mitte März 2020 reagierten der HVMV und der BHV Nord auf die neue Situation und setzten den Spielbetrieb in Oberliga Ostsee Spree, Verbandsligen, Landesligen und Bezirksligen mit sofortiger Wirkung bis zum 19. April 2020 aus, um abzuwarten, wie sich die Situation entwickelt und weiterhin reagieren zu können. Nachdem in der letzten Woche mehrere

Landesverbände (teilweise mit abweichenden Regelungen [HVSH, HVB, HSVA, BHV]) ihre jeweiligen Spieljahre für beendet erklärten, zog der HVMV nach. In einer Telefonkonferenz besprachen sich die Verantwortlichen abschließend, um eine fundierte Entscheidung treffen und begründen zu können.

Demnach folgte das HVMV-Präsidium der Empfehlung des Deutschen Handballbundes und beendet die Saison 2019-20 zum Stichtag des 19. Aprils 2020 mit sofortiger Wirkung. Abstiege wird es auf der Landesebene nicht geben, Aufstiege sind nach Feststellung der Wertungsmodalitäten entsprechend der geltenden HVMV-Durchführungsbestimmungen möglich. In der Saison 2020-21 wird der HVMV-Pokal nicht ausgespielt, das Final-Four mit den diesjährigen Qualifizierten jedoch abgehalten. Die drei HSG-Teams in der Verbandsliga Ost der Männer, der Landesliga West der Frauen und der Bezirksliga der Männer sind davon ohnehin nicht betroffen.

Diese Entscheidung ist absolut nachzuvollziehen. Die Handballabteilung der HSG Uni Rostock steht voll und ganz hinter den Beschlüssen des HVMV und des BHV Nord. Die Verantwortlichen haben, soweit das von der HSG-Warte aus zu beurteilen ist, bedächtig, umsichtig und solidarisch gehandelt. Es ist von immenser Bedeutung, den Stellenwert des Amateurhandballs richtig einzuordnen. In Anbetracht der gegenwärtig herrschenden Sondersituation, das gesellschaftliche Leben der gesamten Bundesrepublik betreffend, scheint es mehr als angebracht, die eigenen Bedürfnisse im Dienste der guten und sinnvollen Sache hintanzustellen. Somit verabschiedet sich die Handballabteilung aus der turbulenten und denkwürdigen Saison 2019-20. Wir hoffen darauf, dass die Saison 2020-21 unter einem besseren Stern stehen und alles – soweit möglich – in geregelten und bekannten Bahnen verlaufen möge.

Eure Uni-Handballer

## Die HSG Uni Rostock zieht ihre zweite Mannschaft aus der Bezirksliga zurück

Fünf Jahre mögen für manch andere Vereine nach einer eher kurzen Periode klingen, aber angesichts der Tatsache, dass die Handballabteilung der HSG Uni Rostock erst seit nunmehr elf Jahren wieder besteht, kommt es den Uni-Handballern nicht nur wie ein beachtlicher Zeitraum vor, denn er ist es auch. Solange gelang es nämlich, eine zweite Männermannschaft in die Bezirksliga zu entsenden, um die HSG-Fahne auch in einer Liga des BHV Nord hochzuhalten, während die erste Männermannschaft sich in den verschiedenen Verbandsligastaffeln des HVMV tummelte. Bedauerlicherweise muss diese Ära nun ein jähes Ende finden.

Nachdem die Saison 2019-20 abrupt durch die Corona-Krise beendet wurde, war es den Bezirksligamännern demnach leider nicht vergönnt, die Runde regulär zu Ende zu spielen. Wenngleich die Ereignisse, welche sich in Deutschland während der Iden des März Bahn brachen, gesellschaftlich praktisch alle Grundfeste ins Wanken brachten, selbstverständlich zu derart enormer Relevanz erwuchsen, dass sie Amateursport auf den untersten Stufen als Null und Nichtig erscheinen ließen, blieb ein wenig Unbehagen, bei allem Verständnis für die Notwenigkeit der eingeleiteten Maßnahmen, zurück. In der Retrospektive wiegt dieses Gefühl umso schwerer, als sich in sportlicher Hinsicht aus dem Blickwinkel der Uni-Handballer ungute Entwicklungen teilweise in Gang, teilweise fortsetzten, welche in diesem Umfang im März 2020 noch nicht abzusehen waren.

Im Sommer dieses Jahres, als der Return-to-Play-Stufenplan des DHB und des HVMV zu greifen begann, die Sportstätten der Hansestadt Rostock unter Berücksichtigung und inclusive Implementation von Hygienekonzepten öffneten und die Sportler die Aktivitäten wieder aufnahmen, zeichnete sich ein etwas anderes – ein ziemlich düsteres – Bild. Nicht nur der reine Spiel- und Trainingsbetrieb hatte stark unter der Corona-Pandemie gelitten, das Vereinsleben war ebenfalls zum Erliegen gekommen. Viele lieb gewonnene und mittlerweile als obligatorisch erachtete Feste, Rituale, Treffen und Angewohnheiten hatten zu unterbleiben.

Vor diesem Hintergrund ist es den Uni-Handballern leider nicht gelungen, alles in Eigenregie zu kompensieren. Die Auswirkungen, wie beschrieben, lasteten und lasten bis heute schwer auf der Handballabteilung. Darüber hinaus ergab es sich, dass multiple Abgänge in diesem Sommer zu beklagen waren. Leider ist die Abteilungsleitung erst sehr spät, in manchen Fällen gar zu spät, von den einzelnen Akteuren über deren jeweilige Absichten in Kenntnis gesetzt worden, weswegen die frühzeitige Suche nach adäquatem Ersatz erst gar nicht anlief. Allerdings darf in diesem Zusammenhang natürlich mitnichten außer Acht gelassen werden, dass die Corona-Pandemie ein Vorgehen nach Schema F vermutlich ohnehin nicht ermöglicht hätte und dass andere routinemäßige und bewährte Maßnahmen zur Personalgewinnung überhaupt nicht durchzuführen gewesen wären. Darüber hinaus sind viele Menschen, darunter auch ein paar HSG-Mitglieder, im Leben abseits der Platte, mit großen, unerwarteten und unbekannten Herausforderungen konfrontiert worden, weswegen der Sport unweigerlich ins Hintertreffen geraten musste. Beispielsweise sind sowohl der universitäre Lehrbetrieb als auch das studentische Leben fast vollständig zum Erliegen gekommen. Präsenzlehre ist kaum zu leisten und die digitalen Angebote der Universität Rostock sichern zwar den obligatorischen Unterricht so gut wie möglich ab, können aber auf Dauer die sozialen und kulturellen Interaktionen der Studenten, zu denen viele HSG-Mitglieder zählen, bei Weitem nicht ersetzen.

Alles kann und soll aber nicht einzig und allein der Corona-Sondersituation angelastetet werden. Fast immer tragen auch eigene Fehler zum Scheitern, im vorliegenden Fall zum Rückzug einer ganzen Mannschaft, bei. Gewisse Anzeichen, die auf eine ungute Entwicklung hindeuteten, waren durchaus vorhanden, doch die Entscheidungsträger sahen vor zwölf Monaten diesbezüglich noch keinen Handlungsbedarf. Gegebenenfalls überstrahlte der Glanz der herrlichen Zehn-Jahres-Feier am Rostocker Stadthafen im Juni 2019 noch einiges. Vielleicht waren einige problematische Entwicklungen unterschätzt worden. Womöglich trugen bestimmte Personalentscheidungen zum Scheitern bei. Eventuell lag es in Teilen auch an der besonderen, studentischen Mitgliederstruktur. Die hohe Fluktuation, bei allen bestehenden Vorteilen, kann auch erschwerte Kalkulation und Unvertrautheit mit sich bringen. Waren die Verantwortlichen etwa auch von einer gewissen Hybris erfasst? Hinterher ist man natürlich immer schlauer. Leider verdunkelte das sich den HSG-Verantwortlichen zeichnende Bild binnen weniger Tage von düster zu finster.

Zwar hatte es durchaus großer persönlicher Anstrengungen einiger Akteure bedurft, die Handballabteilung der HSG Uni Rostock so aufzubauen und in die Position zu manövrieren, in der sie sich gegenwärtig befindet, aber bisher wurden eben diese Anstrengungen durch geschaffene Fakten belohnt. Seit 2009 war es gelungen, nach Jahren eine nicht mehr existente Abteilung bei der HSG Uni Rostock wiederzubeleben und die Kernsportart Handball ins Repertoire und Angebot des Gesamtvereins zu reintegrieren. Nach nur einem Jahr glückte der Männermannschaft der Aufstieg in die Verbandsliga. 2013 entsandte die HSG auch wieder eine Damenmannschaft in den organisierten Spielbetrieb. Die HSGirls verblieben drei Jahre in der Bezirksliga des BHV Nord, sammelten zwei Bezirkspokalsiege und eine Bezirksmeisterschaft ein und spielten fortan in der Verbandsliga des HVMV weiter. Ein weiterer Aufstieg in die MV-Liga war ebenfalls schon beschlossene Sache, doch die avisierte Liga löste sich vor Beginn des Spieljahres in Luft auf, weswegen die HSGirls seither in einer neu formierten Landesliga spielten. Der Zulauf im Männerbereich wurde Mitte des letzten Jahrzehntes gar so stark, dass die HSG Uni Rostock eine zweite Männermannschaft formierte und eben diese in die Bezirksliga entsandte. In dieser lokalen Spielklasse vertraten die Uni-Handballer ihren Verein fünf Jahre in höchst respektabler Art und Weise.

Was von der Zweiten, ihren Jahren in der Bezirksliga, ihren Akteuren, ihren Trainern und Betreuern bleibt, sind tolle Erlebnisse, viel Spaß, sportliche Anstrengungen, spannende Duelle, rauschende Siege, schmerzliche Niederlagen, viel ehrenamtliche Arbeit und ein Titel. Wenigstens die Gedanken an vergangene Ereignisse und vollbrachte Leistungen kann den aktuellen und ehemaligen HSG-Akteuren mit dem mecklenburgischen Stier auf der Brust und im Herzen niemand mehr nehmen. Der Glanz des Ruhmes des Aprils 2018 ist immer noch nicht ganz verblasst, denn beim damals in der Sporthalle am Gerüstbauerring ausgetragenen Bezirkspokalturnier war es einer bunt durcheinandergewürfelten HSG-Truppe gelungen, völlig überraschend den Altmeistern und Seriensiegern HC Empor Rostock IV und SV Warnemünde IV ein Schnippchen zu schlagen, sie auf dem falschen Fuß zu erwischen und mit dem Pokal an den Ulmencampus zurückzukehren. Der damalige Parforceritt der Bezirksligamänner ist nach wie vor von immenser Bedeutung für die Aufrechterhaltung des abteilungsinternen Friedens und der prophylaktischen Bekämpfung von Minderwertigkeitskomplexen der Männer, da sie den Uni-Handballerinnen in Sachen Titel faktisch und numerisch klar unterlegen sind. Ohne diesen Bezirkspokalsieg, den einzigen Titel beider Männermannschaften seit der Neugründung, trüge sich hier ein einziges, tragisches Desaster zu.

Ein ganz besonderer Dank gilt den beiden Trainerinnen Helene Radelhof und Lara-Isabell Wunderlich, welche über mehrere Jahre der zweiten Männermannschaft mit Rat und Tat zur Seite standen, wenngleich sie selbst akademisch, beruflich und privat stark eingebunden waren. Sie bildeten den Ruhepol auf der Bank, selbst in den hektischsten Phasen eines Handballspiels. Mit einer Engelsgeduld, profundem Fachwissen und exzellenten kommunikativen Fähigkeiten gelang es ihnen, der Zweiten den

sicheren Rückhalt zu geben, den der stets bunt ge-
mischte Haufen so dringend brauchte, um das vor-
gegebene Spielsystem umsetzen zu können.

Ebenfalls nicht unerwähnt dürfen und sollen in diesem Zusammenhang die tragenden Säulen bleiben,
welche der Zweiten über die Jahre Stabilität und Ver-
lässlichkeit garantierten. Als Spieler haben sie nicht
nur sportliche Leistungen auf dem Feld vollbracht,
sondern sich in mannigfaltigen Variationen um die
Handballabteilung der HSG Uni Rostock verdient
gemacht. Aus diesem Grund müssen hier Ross und
Reiter klar und präzise benannt werden. Frank Fehringer, Stephan Klein, Ole Kumpe, Marcel Larisch,
Johann Müller, Nils Quakernack, Marcus Reif, Karsten Scherf, Sebastian Schmidt, Steffen Schollbach,
Andreas Schröder, Björn Spittau, Martin Werneke
haben sich stets vorbildlich, tadellos und konstruktiv
für die Belange der zweiten Männermannschaft eingesetzt. Ihnen ist und bleibt die Handballabteilung
der HSG Uni Rostock zu großem Dank verpflicht und
möchte eben diesen offensiv und ostentativ mit diesen Worten zum Ausdruck bringen.

Das Reich der Zahlen vermag womöglich einen kleinen Eindruck über das Vollbrachte zu vermitteln. Unvermittelt ins Auge springt die gezeigte und an Daten abzulesende Konstanz. In der Bezirksliga des BHV Nord belegte die Zweite viermal in Folge den dritten Tabellenplatz, jeweils hinter den beiden schier übermächtigen Altmeistermannschaften (HC Empor Rostock IV und SV Warnemünde IV). Hinzu kamen mehrfach dritte Plätze bei den Bezirkspokalturnieren. Niemals war der Punktestand am Ende der Spieljahre negativ. Insgesamt absolvierte die Reserve der Uni-Handballer in den letzten fünf Jahren 61 Spiele in der Bezirksliga. Dabei sprangen 34 Siege heraus, 4 Remis konnte erkämpft und 23 Niederlagen mussten letztlich hingenommen werden. Zusammengerechnet stehen 72 Punkte auf der Haben- und 50 auf der Sollseite. Den HSGlern gelang es, 1709 Tore zu werfen, 1590 Gegentore wurden durch die Gegner erzielt.

Das Ende kam schlussendlich im Sommer des Jahres 2020. Es ist ein profanes, ein verwaltungstechnisches, ein beklagenswertes und ein stilles Ende. In Stein gemeißelt war diese Entwicklung nicht. Es herrschte kein historischer Determinismus vor, der den Uni-Handballern diktiert hätte, nicht noch länger eine Mannschaft in die Bezirksliga entsenden zu können. Die Kaderstärke war für zwei Mannschaften einfach nicht mehr ausreichend. Doch nun muss mit der neuen Situation bestmöglich umgegangen werden. In diesem Zusammenhang sind die Uni-Handballer gegenwärtig dabei, den Männerbereich zu restrukturieren. Die Verbandsligamannschaft bleibt vorerst die einzige Männermannschaft der HSG Uni Rostock im handballerischen Spielbetrieb, aber auch das muss ja mitnichten für immer so bleiben. Die Uni-Handballer sind stets offen für und neugierig auf überraschende Entwicklungen.

## Über den Autor

Marcus Helwing, geboren am 28.06.1984 in Wismar, Bezirk Rostock, Deutsche Demokratische Republik (heute Hansestadt Wismar, Mecklenburg-Vorpommern, Bundesrepublik Deutschland). Nach dem Abitur im Jahr 2004 am Helene-Weigel-Gymnasium Wismar studierte er Wirtschaftsinformatik an der Hochschule Wismar, Politikwissenschaft und Neuere Geschichte Europas an der Universität Rostock (Bakkalaureus Artium) sowie Politikwissenschaftliche Demokratiestudien an der Ernst-Moritz-Arndt-Universität Greifswald (Master of Arts). Zusätzlich zur eigenen Muttersprache verfügt er über Fremdsprachenkenntnisse in Englisch, Russisch und Schwedisch. Neben diversen Publikationen auf wissenschaftlichem und belletristischem Gebiet arbeitet er als Freier Autor.